JN105822

残念な部下を戦力にする方法

「学び」が定着し、
「行動」が変わる
「スティッキー・ラーニング」

株式会社ホープス代表取締役
坂井伸一郎
Shinichiro Sakai

フォレスト出版

はじめに

「お前、これ、何回説明させるんだ！」

「仕事なんだよ！　覚える気ないの？」

「え、あの子、もう辞めちゃったの？」

本書を手に取ったあなたは、ここで大きくうなずいていらっしゃるのではないでしょうか。

「そうなんだよ、ウチでも……」

と本書に語りかけているかもしれません。

ここで、ちょっと私の話をさせてください。

もう25年も前のことになります。

当時、新宿タカシマヤのデパ地下で惣菜売場のサブマネージャーだった私は、「約100店舗450名の販売スタッフさんを、いかに高島屋クオリティで対面接客販売を行なう戦力にするか？」

について日々試行錯誤をしていました。

というのも、「やる気が感じられない」「仕事に意欲的でない」という販売スタッフさんがそれなりに多くいたのが実際だったからです。

負のエネルギーの引力は、本書を手に取る皆さんならきっと一度や二度は経験があるでしょう。

当時の売場は、どこのテナントさんにも、とても積極的で真面目な販売スタッフさんを駆逐する勢いで、その負のエネルギーの引力が漂っているように感じられました。

テナントさんへの訪問の際は「一瞬でも構わないから、いい空気にしよう」という一心で、できる限り明るい表情で前向きな言葉をかけるよう心掛けていました。

「残念な部下」も、教え方次第で戦力になる

ショーケースが美しく磨かれている、あるテナントさんでの出来事です。

まさに販売スタッフさんがショーケースを磨いているところだったので、私は彼女を労《ねぎら》おうと近づいたのですが、それをさえぎるように、そのテナントのリーダーさんがこう話かけてきました。

「彼女、『ショーケースはいつもピカピカにしておいてね』という私からの指示に素直に従ってくれるんですが、仕上がりが遅い上に『ショーケースを磨く』ことに集中してしまって……。他のことに気が回らなくて、お客様の気配にも気づかないんです。毎度のようにお客様から声をかけられて、ハッと慌てた様子で『いらっしゃいませ』とは言うものの、お客様のほうはやれやれという顔をしていて……」

「『まわりに気を配ってね』って何度も言ってるのに、全然ダメなんです」と困った顔でリーダーさんが私に話しているそのときも、話題の彼女は私の存在に気づかずにせっせとショーケースを磨いていました。

「Aさん、いつもキレイに磨いてくれてありがとう。ここのショーケースは食料品フロアで一番のキレイさだよ」

私がそう言うと、うつむき加減の照れたような顔で、小さく「ありがとうございます」と答えました。

私は続けました。

「Aさん、五感を使って仕事をしてみると、さらに良くなるかもよ」

すると、Aさんは顔を上げ、きょとんとした目で私を見つめました。

「視覚、聴覚、嗅覚、味覚、触覚、いろいろ使って仕事をしてみるって意味なんだけど」

私はダスター（チリやホコリを取る道具。業務用の使い捨てふきんや雑巾）を手にし、ショーケースを拭きながらAさんに話します。

「手を動かしながら、耳を澄ませば店内のＢＧＭが聞こえてきたり、お客様の話し声や、ほら、ヒールの音とか聞こえるでしょ。視線も、ケースじゃなくてまわりを見ながらこうやって拭くの。そのためには、ダスターを通して手のひらに伝わるショーケースの凹凸にも少し注意を払ったりすると良いね」

感心した様子でうなずくＡさんに、今言ったことをやってみるよう促すと、少し試して、「うん、うん」とうなずいてからこう言いました。

「あの、私、いつもまわりに気を使えなくて怒られてばっかりだったんです。これからこうすればいいんですね。でも……、味覚は使えなさそうですね」

クスッと笑った彼女は、その後も仕事が遅いだのなんだのと散々リーダーを悩ませていたようですが、**数年後にはリーダーに頼られる右腕になるという大変身を遂げた**のでした。私は「Ａさんを変えたきっかけの人」としてリーダーをはじめ、そのテナントさんの他の販売スタッフさんからも感謝され、サブマネージャーとしての仕事を遂行できて良かったと密かに喜んだのはいい思い出です。

いかがですか？

このAさん、まさに「残念な部下」の代名詞のような方だと思いませんか。

第1章では、皆さんのようなマネージャーやリーダーとして部下を持つ方々の目に「残念な部下」と映る人の本質について一緒に考えていきます。

アスリート座学のためにスタートした「スティッキー・ラーニング」

実は、このエピソードの中に今回ご紹介する**「Sticky Learning®」**（以下、スティッキー・ラーニング）のメソッドが隠されています。

当時の私は、「スティッキー・ラーニング」の存在そのものを知りませんでしたので、いわゆる「残念な部下」が戦力になったのはラッキーな事例に恵まれたにすぎないと解釈していました。

もし、あの頃「スティッキー・ラーニング」という考え方を知っていれば、もっと多くの販売スタッフさんの接客スキルや販売スキルを高めることに貢献ができたかもしれないと今にして感じています。

「スティッキー・ラーニング」は、１９９５年頃の米国の神学校で、牧師・伝道師・宣教師・教会学校教師などの宗教伝道者を育成するための効果的かつ効率的な教育指導方法が試行錯誤される過程で出てきた考え方に着想の原点があります。

私は現在、「アスリートが競技者として成長し、競技成果を向上させるための座学トレーニング」（以下、アスリート座学）のプログラム開発をしたり、そのプログラムをアスリートに届ける講師の発掘や、時に私自身がアスリートの講師となることを本業としています。

この本業を行なう中で、いわゆる従来型の若手ホワイトカラー人材（机上学習・試験による記憶定着・相対評価による順位・進路の決定など）に向けて開発された研修プログラムやテキストの類が、アスリート座学においてなかなかフィットしない、率直に言って使えない、効果が出ないことが悩みでした。

そんな悩みを抱えていた２０１５年の５月、米国留学経験が長い友人とのふとした会話の中で、米国神学校における人材育成の取り組みのことを知りました。この話に興味を持った私は、すぐに現地から関連書籍・資料を取り寄せ、それを読み解いてみると、いくつか重要なことがわかってきました。

◎宗教伝道者を目指す人々には、従来型の机上学習を苦手とする人が多く含まれる。
◎自分の個性を武器に戦う職である。
◎それゆえ知識を持つだけではなく、実践し、成果を出すことができる即戦力を輩出できなければ意味がない。

これらは、いずれもアスリート座学にも共通する要素です。

「アスリートたちを育てるにはどうすれば良いのか?」を突き詰めて考えていく中で、**「学習者の五感を意図的に同時刺激する工夫を施した育成プログラムを設計し、デリバリすることが有効」**

という思想にたどり着いていることを知り得たのです。

その日から私は、アスリート座学のプログラム開発とその実施を、この思想に軸を据えた方向に大きく転換して、人材育成プログラムとして整理したノウハウを「Sticky Learning®」（2015年9月に商標登録）として提供することを始めました。

それ以降も、実践と試行錯誤で得た新たな知恵と手法を加味・更新し続けながら、現在に至っています。

今いる人材を戦力に変える学習メソッド

では、アスリート座学のための「スティッキー・ラーニング」が、なぜビジネスに活用できるのでしょうか？

実は、ここ数年、ビジネス界とその若手人材の変化に伴ってか、私たちのところに**「うちの若手人材の育成に、御社のアスリート向け研修ノウハウを応用できませんか？」**というご相談やお問い合わせが急激に増えています。具体的には前年比で5倍ぐらいのペースです。

多くの相談内容を基に、現況や背景をまとめると、主に次のとおりです。

◎若い従業員が「体験学習型」で育ってきているので、これまでどおりの机上学習では効果が出にくくなっている。

◎個性を活かした若手育成が求められている。

◎企業における若手人材育成にも、早期戦力化の波は押し寄せている。

◎新規の人材を採用する予算がない中、今いる人材で、残念な人材もできる限り戦力にすべく、社員全体のスキル・能力の底上げを図りたい。

いずれも、**アスリート座学との共通点**が多く見受けられます。

特に、最後の項目「残念な部下をなんとか戦力にしたい」という要望は注目です。

2020年のコロナ禍をきっかけに、売り手市場だった採用市場が買い手市場に転じたとはいえ、人件費に予算をかけられない企業は多くあるようです。

今いる人材でなんとかしたい。
今いる人材のスキルや能力の底上げを図りたい。
今、戦力になっていない従業員を教育して、少しでも戦力として活用したい。

そのような要望を多く受け、当社では**アスリート座学のノウハウを企業若手人材向けに再構成した研修プログラム**を新たに開発。多くの企業や団体に提供させていただき、提供先からはたいへんご高評を得ています。

ただ、言うまでもありませんが、アスリートに比べれば、ビジネス界の人材の数は膨大です。若手人材に絞ったとしても、私たちがその育成に研修を通じて貢献できる割合はほんのわずか。

それならば、実際に若手人材を部下に持ち、日々成長支援のための指導・助言をしている上司・マネージャー・リーダー・先輩といった皆さんに、私たちのノウハウを直接お届けして、少しでもお役に立てていただきたい、そう考えたのです。

「残念な部下」の成長のチャンスを奪わないために

まず**第1章**では「残念な部下」の正体に迫ります。皆さんが身近にいて顔や名前がすぐに浮かんでくる「残念な部下」は本当に残念なのか？　これについて、ぜひ今一度、一緒に考えてみましょう。

第2章では「スティッキー・ラーニング」開発の経緯や背景などについてご紹介します。

第3章では、いよいよ「スティッキー・ラーニング」について詳しく解説していきます。「スティッキー・ラーニング」のポイントをシンプルにいえば、

「絞って伝えて、反復させること」

です。

「何だ、そんなことか」と思う人もいるかもしれません。

しかしながら、実際の現場では、「残念な部下」と評価されている人に対するコミュニケーションで、このポイントが踏まえられていないケースがとても多いのです。上司やリーダーが「残念な部下」の成長するチャンスを奪ってしまい、戦力外通告を出してしまうといった、実にもったいないことが起きています。

第4章では、冒頭に登場したAさんのケースをはじめ、部下のタイプ別に「スティッキー・ラーニング」をどう活用するかについて解説します。

続く**第5章**で「スティッキー・ラーニング」を使いこなすための日常トレーニング法を紹介します。

読者特典として、秋田県立金足農業高校野球部ＯＢであり、２０１６年11月までホンダ技研工業硬式野球部で監督を務めた後、現在はホンダ・グループの管理職として部下を育てている長谷川寿さんをお迎えして、「残念な部下」をどう戦力化するかについての対談原稿をご用意しました。**http://frstp.jp/zannen から無料ダウンロード**できますので、ぜひダウンロードして、本書と併せてご活用ください（詳細は、本書巻末ページ参照）。

「残念な部下」が、あなたの想像を超える戦力になる

「一億総活躍時代」と謳《うた》われていますが、その一方でよほどの人気企業でもない限り「即戦力」「優秀な人材」を確保・採用するのが困難なのが現実です。

そうなると、今いる人材のレベルアップはもちろん、そこそこの人材を採用して、日々の教育や節目の研修を通して、戦力となる人材に育て上げることが不可欠です。

そのときに立ちはだかるのが「学びが行動変容につながらない」という問題です。

こうした人たちを「残念なヤツ」と切り捨てたり、あきらめたりするのは簡単です。

しかし、いわゆる**「残念」と思われがちな部下たちは、あなたの想像を超える「重要な戦力」になる可能性を秘めている**のです。

あなたを悩ませるあの部下が戦力になると考えたことがありますか？

半信半疑の方もいるでしょうが、このまま読み進めてもらえたらうれしいです。読み終えた後、あなたが何か小さな手がかりを得ていることを願ってやみません。

はじめに　1

第1章 「残念な部下」の正体

「残念な部下」って、誰が決めているのか？　22
自信をもって「デキる上司」と言い切れるか？　25
「残念な部下」は、絶対的なものではない　28
「残念」を生む、2種類の歪み　29
「残念な部下」に足りない力　33
理解力が乏しい部下が起こした残念なこと①　35
理解力が乏しい部下が起こした残念なこと②　39
理解力が乏しい部下に対する最適な対策法　40
「伝え方の工夫」の見本　42
その意識が部下の失敗を、さらに誘発している!?　44
「ないものねだり」をするより、「ないものを育てる」という発想　48

第2章 行動変容につながる学び方

コミュニケーションが成立しているか否かの基準 54
コミュニケーションの本質を忘れてはいけない 56
「学ぶ力」が弱いアスリート 58
急増する「頭を使って強くなる」研修 60
既存の知識と関連づけ、新しい知識として構築し、定着させる 61
学ぶ力が弱くても、大きく変容する——某球技の小学生アスリート研修の場合 63
学ぶ力が弱くても、大きく変容する——弊社の新入社員の場合① 66
学ぶ力が弱くても、大きく変容する——弊社の新入社員の場合② 69

第3章 学びを定着・持続させるメソッド「スティッキー・ラーニング」

「スティッキー・ラーニング」とは何か？ 76
「スティッキー・ラーニング」のコンセプトと5つのエッセンス 77
大きく変化する学習のあり方 79

脳はどのように学んでいるか　81
記憶の仕組み　85
長期記憶に定着させる5つの経路　89
ネガティブな感情よりポジティブの感情のほうが記憶に残る　92
五感を刺激する――「スティッキー・ラーニング」を実践するための方法①　97
環境の影響力をナメてはいけない　99
視覚イメージを活用して教える――プレゼンする際の諸注意　101
既存の知識と結びつける――「スティッキー・ラーニング」を実践するための方法②　102
既存知識を関連づけるテクニック「先行オーガナイザー」　103
先行オーガナイザーの効果を決める「話すタイミング」　106
感情記憶を重視する――「スティッキー・ラーニング」を実践するための方法③　107
コア・メッセージを繰り返す――「スティッキー・ラーニング」を実践するための方法④　108
15分ルールを使いこなす――「スティッキー・ラーニング」を実践するための方法⑤　110
ちょっとしたムダ話こそ、部下の記憶に残る　111
理解度を推し量りながら、あえて実践させる　112
「残念な部下」の記憶に残すための8つの心がけ　114
「スティッキー・ラーニング」を使った紙上研修　118

第4章

部下のタイプ別「スティッキー・ラーニング」活用法

「スティッキー・ラーニング」を実践する 126
【タイプ①】社会常識に欠ける 128
【タイプ②】とにかく忘れてしまう 139
【タイプ③】悪知恵が働く 142
【タイプ④】やる気が感じられない 146
【タイプ⑤】こだわりが強すぎる 149
【タイプ⑥】とにかく否定的 153
【タイプ⑦】気が利かない 158
【タイプ⑧】失敗するキャラだと言い訳する 163
【タイプ⑨】優先順位のつけ方がおかしい 167
【タイプ⑩】コミュニケーションが下手 169
テレワーク時代の「スティッキー・ラーニング」 173
テレワークの環境だからこそ、「絞って伝えて、反復する」 175
テレワークでは、「視覚」と「聴覚」を完全に使い切る 178

第5章

「スティッキー・ラーニング」を使いこなすための日常トレーニング

五感を磨いて、部下の機微を捉える　182
「視覚」トレーニング　183
「聴覚」トレーニング　184
「嗅覚」トレーニング　184
「触覚」トレーニング　186
「味覚」トレーニング　187
「瞑想」トレーニング（マインドフルネス）　188
ふさわしい「たとえ」を探す——コミュニケーショントレーニング①　190
「言い換え」を探す——コミュニケーショントレーニング②　193

おわりに　195

装幀◎河南祐介（FANTAGRAPH）
カバーイラスト◎タラジロウ
本文デザイン◎二神さやか
DTP◎株式会社キャップス
特別協力◎長谷川 寿／生島企画室

第1章

「残念な部下」の正体

「残念な部下」って、誰が決めているのか？

「残念な部下」と聞いて、あなたはどんな部下を頭に浮かべるでしょうか。あなたの頭を悩ませる部下や後輩を想像してみてください。

◎仕事の覚えが悪い。
◎やる気が感じられない。
◎同じ失敗を繰り返す。
◎飲み込みが悪い。
◎社会人としての一般常識やモラルに欠けている。

挙げ始めるとキリがないかもしれません。
思わず、「どうやったって仕事がデキないヤツに決まってるだろ！」「バカだよ、バカ！」「いわゆるポンコツだよ！」と、本書に罵声《ばせい》をぶつけているかもしれません。

そんなこと、実際に口にすればパワーハラスメントになってしまいますから、普段のイライラはこの本に存分にぶつけてください。


では、逆に「デキる部下」と聞いて、あなたはどんな部下を思い浮かべますか？

◎仕事が早い。
◎細かく説明しなくても、すぐに理解してくれる。
◎一の指示を十にして返してくれる。

そんな部下ばかりだったら、どんなに楽なことでしょう。

そうです、勘の良いあなたはお気づきだと思います。もし、気づかないのであればあなたも「残念な部下」の仲間入りになってしまうかもしれません。

「ふざけるな！」とお怒りかもしれませんが、**「残念な部下」というラベルは、あな**

た側からの視点で貼りつけたものなのです。

こちらの求めにそぐわない振る舞いをされたとき、相手に対して「デキが悪い」と評価してしまうのです。

「いや、そんなことはない！　デキないヤツは相対的に見てのデキないヤツなんだ！誰が見てもデキるヤツとデキないヤツは一目瞭然だろ！」

そう思われるかもしれませんが、それはその部下の一部であり、全部ではありません。

私たちが見ている「残念な部下」は、もしかすると職場以外のどこかで「デキる」分野があるかもしれません。

会社の真面目な働きぶりしか知らない同僚が、キャンプに遊び心満載の愛車で登場して、その車の選び方の意外性に驚くという自動車のＣＭ（そんな単純な、という突っ込みもあると思いますが）のように、勝手に決めつけてしまってはいませんか？「残念な部下」を「デキの悪い人間」のようにどこか思ってしまってはいませんか？

こういう心の声をそのまま部下にぶつけてしまうと、パワーハラスメントになってしまいます。

自信をもって「デキる上司」と言い切れるか？

おそらくあなたは、「デキる部下」だったのでしょう。

では、今現在のあなたは、「デキる上司」「デキる先輩」「デキる指導者」だと言い切れますか？

業務においてもそうです。あなたは、すべての業務を100点満点（あるいは、それ以上）でこなす、オールマイティープレイヤーでしょうか？

得手不得手があったりしないでしょうか？

例えば、仕事をおおまかに3種類に分けてみます。

◎0から1を生み出す（新しい価値や概念の創造）。

◎1を100にする（アイディアを形にする）。
◎100をキープする、100を120にする（いい状態を維持する）。

すべて得意という人より、得意不得意が分かれる人のほうが多いのではないでしょうか。

「いや、そんなことはない！」と豪語している方もいらっしゃるかもしれません。

では、質問を変えます。

「デキる」あなたにも、何か苦手な分野やそのダメっぷりをひどく指摘された経験が1つや2つはありませんか？

私は、料理全般が苦手です。どれくらい苦手かというと、カレーライスがつくれません。学生時代にサークルの合宿で「坂井はカレーがつくれない」と先輩に呆れられ、仲間にも大笑いされていました。

私は包丁も使えますし、計量もできます。私自身もカレーくらい指示に従えば誰だってできる料理とタカをくっていました。

しかし、市販のルウの裏面に記載の通りの材料を揃え、作り方に記載されている通りに「炒める」「水を入れ、煮込む」「ルウを入れる」「煮込む」のですが……、出来上がると何やら得体の知れない焦げついた茶色の塊が鍋の中に鎮座していたのです。

誰でもできる（と考えていた）ことが、自分にできない腹立たしさというか悔しさと、ちゃんとやっているのに皆に責め立てられてしまう恥ずかしさや情けなさでいっぱいでした。

以後、何回か試す機会がありましたが、途中でキッチンから追い出されてしまい、それ以来、トラウマというか料理をすること自体が恐ろしくなってしまいました。

「残念な部下」について考えるとき、「仕事なんだから、ちゃんとできて当然！」というその常識（それで給料をもらうわけですから、相応の出来映えが求められることは百も承知です）から一度離れ、まずは**自分自身の「デキの悪い」経験を思い返してみてください。**

「残念な部下」は、絶対的なものではない

シチュエーションが違えば、もしかしたら、あなただって、あなたを悩ませる「残念な部下」になってしまう可能性があるのです。

一般に、1つの組織の中の人材は、2・6・2の割合だといわれています。

その内訳は、

◎優秀と評価される人：2
◎並レベルな人　　　：6
◎デキの悪い人　　　：2

「2・6・2の法則」とか「働きバチの法則」と呼ばれ、ご存じの方も多いでしょう。

平均点レベルの人だって、優秀レベルの人から見れば「デキの悪い」部類に入れら

れてしまうかもしれません。

「残念な部下」とは、相対的・状況的なものであり、絶対的・全体的なものではありません。

それでは、もう一歩「残念な部下」側に踏み込んで考えていきます。

「残念」を生む、2種類の歪み

ここまで、さまざまな「残念な部下」の例を挙げたり、あなた自身の「デキの悪い」経験を思い出していただきました。

再び、先ほどの私のカレーの話になりますが、指示どおりにつくっているはずなのに、違う代物が出来上がってしまう理由を考えてみます。

私はなぜそうなってしまうかサッパリわかりませんし、完全に任された状態でカレーをつくっていたので、状況をうまく説明できません。家で妻や娘に見てもらいながら、再現してみればいいのでしょうが、台所に立つと固まってしまいます。

妻に私のカレー事件を話すと、

・材料を切る大きさがおかしかったんじゃない？　ひと口大ってわかってる？
・厚手の鍋ってどの鍋かわかってる？
・最初の火加減は？
・玉ねぎがしんなりするまで炒めるんだけど、しんなりの状態がわかってる？
・あくを取るタイミングは？
・ちゃんと火を止めてからルウを入れたの？　しっかり溶かしてから煮込んだ？

等々、矢継ぎ早に質問が飛んできました。

その質問に対して私の頭の中には「？」がいくつも浮かびました。

試しに、カレールウの箱がお手元にあれば裏返してご覧いただきたいのですが、先ほど妻の挙げた質問は、すべて箱に書いてある説明をなぞったものです。カレー事件が起こった当日も、私は説明書きに従ったのはお伝えしたとおりです。

ここで一度整理します。

説明　↓　私　↓　作業

説明と私の間の矢印（1）、私と作業の間の矢印（2）、この2つの矢印が大きく歪んでしまっているのです。さらに詳しく解説します。

（1）説明の指示を、私が正しく理解していない。
（2）理解した指示どおりに、正しく作業できていない。

説明の指示は、料理が得意な人には明確に理解できる情報なのかもしれませんが、料理が苦手な人には正しく理解するのが難しいかもしれません。正しく理解していないのですから、当然ながら、正しい作業にも結びつきません。たとえ、正しく理解しても、行動に正しく反映できていないかもしれません。

私はカレーのルウを鍋に入れてから溶けるのをしばらく待ったのですが、妻いわく「溶かす」作業が必要とのこと。しかも、ルウを入れている途中で、火を止めてから入れるという指示に気づき、慌てて火を止めたものの、「それじゃダメよ」という指摘を受けた次第です。

カレーづくりを仕事に置き換えてみます。

（1）あなたが出した業務の指示を、部下が正しく理解していない。
（2）業務指示は正しく理解しているが、正しい作業ができていない。

これは、部下の情報理解力不足、情報蓄積力不足が原因だといえるでしょう。
（1）は「上司からの指示やＯＪＴを受け取れない」ことがあるでしょう。
また（2）であれば、「研修などの成長機会が与えられても、そこで教わったことを仕事に持ち帰れていない」という可能性があります。研修は研修、受けっぱなしで仕事に応用できないという悩みは、私も多く耳にします。

また（2）の場合、単にアウトプットに反映するのが非常に遅い人である可能性もあります。このタイプは意外と多いと認識しておいたほうがいいでしょう。

「残念な部下」に足りない力

ここで1点、質問させてください。

あなたが補助輪なしで自転車に乗れたのは、何歳のときでしょうか？

私は幼稚園の年長で自転車に乗れ、娘は幼稚園の年中で乗れています。何度も乗っては転んでの繰り返しを経験すれば、多くの人は就学前後で乗れるようになるでしょう。

参考までに、日本トイザらスの2018年の調査によれば、親世代が自転車に乗れるようになった平均年齢は5・7歳で、そのお子さんは平均年齢4・9歳とのことです。

なぜこんなことを聞いたかというと、よく行くカフェで勤務している私と同い年のBさんから「私、自転車に乗れるようになったのがめちゃくちゃ遅くて、小学3年生の終わり頃だから、9歳でした」という告白を聞いたことがあるからです。

平均はあくまで平均です。

一度言ったことがすぐに理解できる人、二度言わないと理解できない人、十回言ってやっと理解できる人、一度やればすぐにその仕事ができるようになる人、数回やらないとできるようにならない人、何十回やってやっと一人前レベルになる人、さまざまです。

Bさんは、運動全般が苦手とのことで、今でも他のスタッフに比べ、オペレーションが遅いことに悩んでいるそうですが（客の私が見ていてもわかります）、抜群の接客スキルでそれをカバーしていて、他のスタッフからも頼りにされ、彼女のファンと思われるお客様も多く見受けます。

あなたの「残念な部下」も必ず何か「デキる」ところがあるはずです。

余談になりますが、完璧なアスリートともいわれているフィギュアスケーターの羽生結弦選手は自転車に乗ることができないという記事を目にしたことがあります。運動神経とは関係ないのかもしれませんね。

話を戻します。

「残念な部下」の正体をひと言で言うと、**「理解する力の弱さ」**であると私は考えます。

理解力が乏しい部下が起こした残念なこと①

ここで、民放キー局の某テレビ局で勤務しているディレクターCさんの話を聞いてください。

先ほど「残念な部下」の正体が「理解する力の弱さ」にあるとお伝えしました。

（1）あなたが出した業務の指示を、部下が正しく理解していない。

（2）業務指示は正しく理解しているが、正しい作業ができていない。

テレビ番組制作の現場は非常にスケジュールがタイト（働き方改革もあり、だいぶ変わってきたそうですが）なのは、ご承知のことと思います。

それは、翌日にナレーション収録を控えた日のことでした。

放送作家がナレーション原稿を書くにあたり、映像と一緒に撮影時に使用した収録台本や資料が必要だったのですが、手違いでその放送作家の手元に届いていませんでした。

Cさんが慌てて部下のＡＤさんに必要な一式を渡し、「作家のＤさんに急いで送って！」と指示を出しました。ＡＤさんは「わかりました！」と勢いよくその場を飛び出しました。数時間後、件の放送作家からCさんに連絡が入りました。「資料、まだ届かないんだけど」。

Cさんは青くなり、ＡＤさんを呼び付けました。

Cさん「さっきの資料、ちゃんと作家さんに送ったの？」
ADさん「はい、送りました！」
Cさん「まだ届かないってよ」
ADさん「ちゃんと出しましたよ！」
Cさん「出したなら、問い合わせてみてよ！　届いてないっていうんだから」
ADさん「問い合わせるって、何を見たら……（財布の中をゴソゴソ探す）」
Cさん「控えなくしちゃったの？」
ADさん「控え？　レシートとかもらいませんでしたけど？」
Cさん「は!?　レシート？　お前、どこに出しに行ったんだ？」
ADさん「どこって、目の前の郵便局ですよ！　急ぎっていうから、ちゃんと速達にしましたよ！」

おわかりいただけたでしょうか。
急ぎの荷物は、テレビ業界では「バイク便」で出すのが通例だったのです。しかも、ナレーション収録が明日であることは、このＡＤさんを含めてスタッフ全員周知の事実だったのですが……。

このＡＤさんにとって「送る」といえば＝「郵便で送る」でした。

バイク便が出入りしているのはわかっていましたが、どういうときにそれを使うかをわかっていませんでした。

「急ぎ」であることは理解できたため、「郵便」での「急ぎ」、つまり「速達」を選んだのです。

（1）の「業務指示を正しく理解していない」わけです。彼の場合、疑うことなく「速達」を選択しています。つまり、ＡＤさん本人の中では（1）のミスではなく、（2）のミスだと解釈していることになります。そもそもの解釈が違うことを指摘すると、落ち込んだ様子だったそうです。

理解力が乏しい部下が起こした残念なこと②

しかしながら、このADさんの話には、さらに続きがあります。

郵送事件をきっかけに、彼は「急ぎの荷物の運搬はバイク便」と理解しました。収録の流れで急遽、ある1枚のCDが必要になりました。幸い、収録スタジオとCDショップは目と鼻の先で、徒歩5分で行ける距離でした。

ところが、何分経ってもADさんがCDを買いに行く気配がありません。不審に思った他のADさんが声をかけると、「もうすぐ届きますから！」と誇らしげに言います。しばらくするとバイク便のお兄さんが収録スタジオに駆け込んできました。

いかがでしょう？

当のADさんをはじめ、他のスタッフが手を離せない状態ではないにもかかわらず、バイク便に2000円ほどの経費をかけてしまった彼に悪びれた様子はなかったため、

Cさんが「10分もかからずにお前が行けるだろう？　なんでバイク便を発注するかねぇ～」と呆れ顔で伝えると、「急ぎはバイク便じゃないのかよ……」とボソッと呟《つぶや》いたそうです。

こうした理解力の乏しい「残念な部下」に対してどのように接すればいいのでしょうか。

理解力の乏しい部下に対する最適な対策法

相手が「理解する力が弱い」とわかっているのですから、**あなたの伝え方を工夫すれば状況は変わります**。

「え？　なんで私が工夫しなきゃいけないの？」

そうお思いの人もいらっしゃるでしょう。でも、あなたはすでに伝え方の工夫を経験しているはずです。

例えば、あなたの勤務先がオフィスビルにあり、エレベーターホールでトイレの場所を尋ねられたとします。エレベーターホールの右手をまっすぐ行き、右折すると男性用、左折すると女性用があるとしましょう。

もし、子どもに聞かれたら、今の説明のような言い方をするでしょうか？

ジェスチャーを交えながら、「あっちに行って」などと言い方を変えませんか？

では、あなたの話すテンポの倍以上の遅いスピードで「あの～……お手洗いは……どこかしら」とお年寄りに小声で尋ねられたらどうでしょう？

まくしたてるように話しますか？

おそらく、その方の耳元でいつもよりゆっくり、ハッキリを意識して話すのではないでしょうか。

では、身ぶり手ぶりを交えながら、あなたの知らない外国語で尋ねられたら……？

やはり、あなたも大ぶりのジェスチャーを使ったりするのではないでしょうか？

うまく伝わらなければ、トイレまで一緒に連れて行くという選択もあるでしょう。

そうなのです、あなたは**これまでの日常のコミュニケーションでも、すでに伝える**

相手を意識して、工夫をしながら伝えているのです。

「伝え方の工夫」の見本

伝え方次第で相手の理解が大きく変わるという好事例が、人気講師と呼ばれる予備校の先生です。

近年、林修先生に代表されるように東進ハイスクールが有名講師陣を配して、その講義を売りにしていますが、私の受験生時代は予備校バブルといわれる時代で、今以上に有名講師の人気は凄まじかったものです。

「生徒の駿台」（そもそも優秀な生徒が通うと噂されていた）、「設備の河合塾」（机が広いなど学ぶ環境が快適とされていた）、「講師の代ゼミ」と呼ばれていたこともあり、小論文の強化程度ですが、私も代々木ゼミナールの代々木本校に通っていました。

当時、仲良くなった浪人生に熱く代ゼミの先生について語られたのが忘れられません。地方から上京した彼いわく、「目から鱗！　田舎の高校の授業とは全然違う！

とにかく講義がおもしろいし、わかりやすい！」と大絶賛。「田村の現代文」「土屋の古文」「中野の漢文」を選択していた彼は、現役時代とは比べ物にならないほど勉強がおもしろくなったそうで、現代国語にいたっては模試で偏差値89という成績を収め、他の科目でも成績優秀者に名前が掲載されるほどでした。ちなみに彼は、1年の浪人生活の後、第一志望の早稲田大学に無事に入学しました。

人気講師と呼ばれる先生方は、講義の進め方に非常に工夫をされています。講義が楽しい、キーワードが印象的等々で90分飽きさせません。

また、1つの科目に対し複数の講師陣がラインナップされているので、1人くらいは自分の好みに合う先生が必ず見つかるというのが当時の売りでした。

伝え方に工夫を施すことで、受け手の理解も高まり、さらには受け手の行動を変容させています。これこそ、あなたが求めているスキルなのではないでしょうか。

その意識が部下の失敗を、さらに誘発している!?

ここまで読み進めてきたあなたには、

「なんで、あんなデキない部下のために、私が頑張らなきゃいけないんだ！」

という思いがあるかもしれません。

「バカな子ほどかわいい」（親にとっては出来の悪い子どもほど気にかかってしまい、不憫《ふびん》でかわいいものである）ということわざがありますが、わが子でもない「残念な部下」に気を揉まなければならないんだと、ストレスを抱えている人もいるかもしれません。

しかし、よく考えてみてください。

自己研鑽《けんさん》は、部下にばかり求めるものなのでしょうか。あなた自身の**「教える」「育てる」「成長させる」スキルをレベルアップさせる**ことは必要ないのでしょうか。

本書を手に取ったということは、部下の育成に困っている、その悩みを解決したい、そのために自分にできることを少しでも何か行ないたいからのはずです。「悩み」を「問題」と置き換え、その問題を解決すべく、ここまで読み進めてきたとお察しします。常に自己研鑽を怠らないあなたなのですから、あなたの努力は必ずあなた自身にも大きな力となって返ってくるとは思いませんか。

あなたの意識を変えることは、部下にも大きく影響を及ぼします。

「相手がバカだから」

「どうせ言ってもわからねーから」

「あとでまた教えてくれって言われるから」

などという理由をつけて、教えたり、指示を伝えたりするのをやめてしまってはいませんか？

「言ってもわからないんだから、言うだけムダ。ムダなエネルギーは使わない」と、放棄してはいませんか？

「残念な部下」に対してのあなたの持つマイナス意識やネガティブなスタンスは、相手にそのまま伝わってしまいます。

「残念な部下」の中には、「怒られるから失敗してしまう」と、怒られるような失敗を正当化しようとしている人も少なくありません。

これには、私も同意できません。

しかしながら、**上司のあなたが心のどこかで思っている「どうせ、また失敗するんだろ」という意識が、相手の心を固く閉ざしてしまい、ミスを誘発してしまっている**ことも否定できません。

上司と部下の関係に限らず、こんなことはないでしょうか。

「あの人苦手なんだよな～」

あなたがなんとなくそう思っている相手、実は向こうも「あの人に嫌われているかもしれない」と苦手に感じてしまっている……。

互いの苦手意識がぶつかり、トラブルを引き起こしてしまうという経験は一度はあるのではないでしょうか。

どちらかが「わかる！　あの人、私のこと好きじゃないの。でも私は嫌いじゃないんだけど」と、少し意識を変えるだけで、人間関係がスムーズになります。

もし、以前は犬猿の仲だったけれど、きっかけはわからないけれど仲良くなったという経験があるなら、もしかしたら、相手が意識を変えてくれたのかもしれません。

SEKAI NO OWARIの「プレゼント」という曲の歌詞に次のような言葉があります。


「知らない」という言葉の意味　間違えていたんだ　知らない人のこといつの間にか「嫌い」と言っていたよ

皆さんには、「残念な部下」を決して「嫌いな人」と混同して欲しくありません。混同してしまえば、もうそれ以上の関係継続ができなくなってしまいます。

時代は変わっていきます。昭和が終わり、新しい時代と思った平成も終わりました。終身雇用が当然だった時代、男女雇用機会均等法が施行された頃、有給休暇が義務化された今、上司が旧態依然とした態度や意識のままでは時代に置いていかれます。

「残念な部下」に対して持っているあなた自身の意識を「変える」ことに、本書をきっかけに挑戦してみてください。

私が常に自分への戒めとして胸の真ん中に置いている大切な言葉を、ここで紹介させてください。

これは、ロジェ・ルメールさんというサッカーフランス代表チームの元監督の言葉です。

「学ぶことをやめたら、教えることをやめなければならない」

「ないものねだり」をするより、「ないものを育てる」という発想

「残念な部下」にお悩みのあなたが喉から手が出るほど欲しいのが、

◎「打てば響く」部下、

◎「阿吽《あうん》の呼吸」ができる部下、
◎「一を聞いて十を知る」ができる部下、

でしょう。

こちらの働きかけにすぐに反応してくれたり、以心伝心でこちらの意思や意図を汲んでくれたり、飲み込みが早かったり……。そんな部下ばかりだと、仕事がはかどる上に、物事がスピーディーに進み、何よりあなた自身も楽ですよね。

ここがポイントです。

変化のスピードが早い現代社会に、私も歯を食いしばって、ついていっているつもりです。

しかし、スピードについてこれない人を置いてけぼりにしてしまうことには、大きな疑問を感じます。

私は、前職のベンチャー企業在職中、会社を大きくしていく中で「優秀」とされる人材を採用するのに苦労していたこともあり、いわゆる「残念な部下」と呼ばれてしまうような人材を意識して採用し育ててきました。

こんな人を採用したと社内のスタッフに伝えると「そんな人をわざわざ採らなくても……」「先が思いやられますね……」と渋い顔をされていました。

一緒に働くようになると、ほぼ日替わりで誰かから「坂井さん、ちょっといいですか？」と申し訳なさそうに、その新入社員の扱いに手を煩わせている苦労話を聞かされていました（あ、実は今もです）し、私自身、トホホと思うことが多くありました。

誰しもできれば「残念な部下」とかかわる険しい道ではなく、「デキる部下」に囲まれ、楽な道を歩みたいでしょう。私も同じです。

しかし、すでにお伝えしたとおり、人材確保が難しい現在、失敗を繰り返してしまうような**「残念」とラベリングされてしまう人たち**、言葉や日本の文化に通じているとは言えない**外国人**、理解や行動が私たち現役世代に比べ劣りがちな**高齢者**、そんな人たちにも活躍してもらわなければ社会が成り立ちません。

良い人材がやってくるのを待つのは、ないものねだりと同じです。

良い人材はあなたが育てればいいのですし、本書に興味を持ったあなたならば、それが可能です。

第2章から、いよいよあなたが良い人材を育てるために役立つメソッドについて解説していきます。

今、あなたの手を煩わせている残念な部下を、あなたにとって頼もしい戦力に育てられるチャンスと思って、読み進めていただけたらうれしいです。

第2章

行動変容につながる学び方

コミュニケーションが成立しているか否かの基準

第1章では、「残念な部下」に対するあなたの向き合い方を変えてみることから始めることをご提案しました。

コミュニケーションは、伝える相手ありきのものです。

「そんなことは当たり前だ！　わかっていることをいちいち言うな」と思われるかもしれませんが、頭では理解していても、いざ自分が伝える側になった際、情報を受け取る側の飲み込みが悪かったりすると、腹を立ててしまうことはありませんか？

こちらが期待する反応が相手から得られなければ、コミュニケーションが成立したとはいえません。伝える相手ありきですから。**伝える相手がこちらの伝えたことを理解していなければ、そのコミュニケーションは不成立**となります。

例えば、あなたが遅刻常習の「残念な部下」に対して、「明日は遅刻するなよ！」

と注意をしたとします。あなたが部下に期待する反応は、「遅刻せずに出社させる」ことでしょう。

しかし、翌日やっぱり遅刻してしまったら……。

「本当にダメな奴だ！」と呆れている場合ではありません。

定時（あるいは○分前）に来させられなかったのですから、**あなたの言っていることが相手に伝わっていないことになり、あなたの伝え方が良くなかったことになります。**

「納得いかない」と首を傾げる方もいるかもしれないので、違う例を挙げてみます。

就職試験の面接で、あなたが入社を希望する側だとします。

入社志望の意思をしっかり伝えられ、笑いの絶えない和やかな面接で、面接官からも「君、おもしろいね～」と褒められたとしましょう。

ここからがポイントです。「いい面接だった！」がゴールではありませんよね？

褒められて気分がいいかもしれませんが、あなたの取りたい反応は、「自分が入社する」ことです。

面接が楽しかろうと、微妙な雰囲気だろうと、採用通知をもらって初めてコミュニケーション成立といえるのです。

先ほどの遅刻常習の部下の例でいえば、「遅刻しない」ことがゴールであり、その**ゴールが達成されて初めてコミュニケーションが成立したといえます。**

コミュニケーションの本質を忘れてはいけない

実際の就職試験の際、受ける企業の社風やどんな人材を欲しているかなど、企業研究をするでしょう。

恋愛でも同じです。言い寄られてばかりという方もいるかもしれませんが、自分の好きな相手に振り向いてもらうために、好きな相手についてたくさん知ろうとするでしょう。

では、相手が赤ちゃんだったらどうでしょう?

赤ちゃんは「泣く」ことで、こちらに意思を伝えようとします。

◎お腹がすいた！　おっぱい（ミルク）ちょうだい！
◎おしっこしたから気持ち悪いよ！　早くオムツ取り替えてよ！
◎ママ、抱っこして！　パパ、遊んで！
◎あーん、眠くてしょうがないよ！

あなたが赤ちゃんの親だったら、赤ちゃんが何をしてほしいのか、赤ちゃんの気持ちを汲み取ろうと一生懸命になるはずです。子どもが苦手な方だったら、飼っているペットに置き換えてみてください。

はたまた、あなたの部下が外国人だったらと考えてみてください。

ある日、あなたにロシア支社長の辞令が下されたとしましょう。来月には赴任しなければなりません。急にあなたは多くのロシア人の部下を持つことになります。ビジネスですから、そのロシア人たちと共通の目標を追う必要があるわけで、そのミッションの責任者が自分であれば、当然ロシア語を学ぼうとするでしょうし、自分の伝えたいことをしっかりと伝えられる関係を築こうと努力するでしょう。

コミュニケーションの本質は、「相手ありき」です。つい、忘れてしまいがちなので、強く意識するようにしてください。

「学ぶ力」が弱いアスリート

アスリートや体育会系運動部出身の人を「脳みそまで筋肉でできている」と揶揄《やゆ》する言葉があります。

要するに、「運動能力には長けているけれど、頭はバカだ」と侮蔑しているのです。

私自身、中学生から大学までテニス競技者として活動してきたこともあり、この言葉には憤りを感じていました。加えて、父親が１９６５年の甲子園ボウル（アメリカンフットボール）で優勝していたり、叔父が日本を代表するテニスプレイヤーであったりとアスリート環境に育ってきているので、丸ごとバカにされている気がしていました。

しかし、自分が「アスリート座学」に携わるようになると、先ほどの言葉の言わんとするところがわかるようになりました。

「超」がつくトップアスリートは、学ぶ力も人並み外れて高いことが多いのですが、学ぶ力が弱いトップアスリートはかなり多いのが実際です。

座学での学びを自身の競技に活かせない人が多いのですが、座学そのものに苦戦している人もとても多いのです。中には、そもそも座学の時間をムダに感じてしまう（そんな時間があれば、1秒でも長くトレーニングをしたい）人もいます。

しかしながら、このように「スポーツは、実践トレーニングのみでいい」と考えているアスリートは、成績や記録に伸び悩んでしまうのもまた事実です。

最新のスポーツ科学の研究では、**超一流アスリートと一流アスリートの違いは、座学での知性の強化が図れているかどうか**だといわれています。

そんなこともあり、アスリート座学の依頼は、年々増加傾向にあります。

アスリートに求められるトレーニングが、「身体を動かす」「技術を磨く」に加えて、

「頭を鍛える」ことも必須になってきているのです。

急増する「頭を使って強くなる」研修

前述したとおり、学ぶ力が弱いトップアスリートの学ぶ力を強化し、超トップアスリートに変貌させるのが、私たちに課せられたミッションです。

私たちが行なっているアスリート座学とは、座学スタイルによる選手および指導者に対する競技成績向上支援のことです。

「頭を使って強くなる」ことを目指しています。

プロ野球5球団、15を超えるスポーツ競技団体や多くのアスリート個人からの依頼を受け、私が代表を務める会社がアスリート座学を受託・実施しています。

２０１９年だけで１１２回、２８９０人を指導しました。２０２０年8月までの**累計の指導人数はのべ1万人**に達しています。２０１１年にアスリート研修を始めたときのクライアントは年間たったの3名でした。そこから10年、研修回数でいうと、37

倍、人数でいうと963倍にも増えているのです。

アスリートの世界で、「頭を鍛える」ことが重要視されていることがおわかりいただけると思います。

既存の知識と関連づけ、新しい知識として構築し、定着させる

私が代表を務めている教育研修会社は、アスリート座学以外にも、さまざまな業種（製造業・サービス業・金融業・病院・学校法人等）の一流企業に研修を行なっています。私自身も講師として、年間50本程度の研修現場に立ち、**2500名強のビジネスパーソンに指導を行なっています**。

このように多数の一般企業への研修も行なっている経験から、座学慣れしていないアスリートたちに「わかりやすく伝える」「印象に留める」「競技に反映させる」工夫を模索する中で誕生したのが、「スティッキー・ラーニング」です。

研修を実施したクライアントからは、**「受講生の理解度が高い」「学びの定着度が高い」「実践に即活かせる指導だった」**といった評価が多く寄せられるようになりました。

「スティッキー・ラーニング」が座学慣れしていない（座学が苦手の）アスリートに効果を発揮するのだから、ビジネスの世界の学ぶ力が弱い人にも効果的なのではないかと、そのメソッドを体系化し直しました。

「スティッキー・ラーニング」とは、研修受講生が講師の研修内容をただ聞いているだけでなく、**研修で得た新しい情報を「自分の持っている既存の知識」と関連付け、「新しい知識として構築」し定着**（インストール）**させる**ことです。

その効果として、研修受講生が実務において活用しやすくなり、結果として行動変容につながる可能性が高くなる学習法です。一般企業研修でも、「組織全体のレベルアップを図れる」と高い評価をいただいています。

なお、このメソッドは、「研修」の場に限ったものではありません。

一般企業の実務の場においても、「学習しないなぁ〜」と頭を悩ませる「残念な部下」への指導に使うことで、伸び悩んでいる部下や人材を望ましい人材に育成する方法としても、大きな注目を集めています。

学ぶ力が弱くても、大きく変容する――某球技の小学生アスリート座学の場合

実際にどんな成果があったのか、まずはアスリート座学での実例を紹介します。

将来のオリンピック出場が視野に入る、ある球技の小学生たちへの研修を隔月で行ないました。

座学に耐えられない子どもたちも多いため、紙芝居風のスライドを見せたり、正面で一方的に話すのではなく、会場の後ろ、真ん中、いろいろな場所で質問を投げかけたりの工夫をしていました。

それでも、参加しているうちにウトウトし出す子ども、枝毛探しをしている子ども、配布した資料に落書きをする子どもなど座学に集中できない子どもが多いという印象でした。

毎回、休憩時間には、無邪気に「早く○○（競技名）がしたいよー」とこちらに訴えてくる子ども、「これ、意味あるの？」というヒソヒソ声での会話が聞こえてきたりもしました。

そんなこんなで締めくくりの6回目、年間最終研修を迎えます。

過去5回、どんなことを学んだか尋ねてもポカンとしている子どもばかりです。覚えているけれど、目立ちたくないので発言しないという感じではなく、すっかり忘れてしまって、困った顔をしていました。

そこで、虫食いクイズ形式で、若干のヒントを出してみると、「スポーツマンシップをやったよ！」「あ、目標の決め方！」「コミュニケーション！」などと活発に意見が出るようになり、研修もにぎやかに進んでいきました。

最後の最後で **「研修は何のためにやるの？」** と問いかけます（これは、すでに研修済みの内容です）。

ポカンとしていたその日の研修の最初とは違い、真剣に考えている様子でした。そこで、過去に見せたことのある2つの宝箱のイラストを見せてみます。

すると「そうだ、2つあったよ！」という声が聞こえてきます。

次に、その宝箱に「〇〇力の向上」という文言を2つ重ねます。

すると、「競技力！」「人間力！」とあちこちから聞こえてきて、先ほどよりもにぎやかになりました。

声を発することができなかった子どもは、気づかなかったと恥ずかしそうな顔をしています。

続けて、「練習は何のためにやるの？」と聞くと、いっそうにぎやかに「競技力！」「人間力！」という声が返ってきました。競技力の向上、人間力の向上には「練習」と「研修」の二本柱が大切だということを皆で確認した後は、各回の研修で学んだことがどれくらい競技に活かせているか、その結果を見てどう思うか、本当はどうなっていたいのか、今後どんな努力をしたいか、を個々人で用紙に記入しながら振り返ります。

練習と研修が競技力と人間力にどう結びつくか、抜粋した研修の説明なのでピンと来ていない方のために補足します。

例えば、「毎回ノンストップでサーブの練習50本を続ける」ことが、競技力の向上につながることは、子どもたち自身も実感しています。ですが、同時に「つらくてもやり抜く」という人間力の強化につながっていることにはほとんど気づいていません。真剣なスポーツへの取り組みがスポーツの腕前だけでなく、**研修が、自身そのものを成長させていることに気づかせる手助けとなっている**のです。

学ぶ力が弱くても、大きく変容する――弊社の新入社員の場合①

数年前にちょっとしたご縁で、いわゆる「残念な部下」Eさんを採用しました。

当時の私は仕事がデキる、デキないにかかわらず、平等に接することを心がけていました。先入観で決めるのも良くないし、彼の可能性をつぶしてしまうのもいけないと考え、他の社員と同様の仕事の指示を出し、業務を委任していました。

つまり、手取り足取り一から十まできっちり教えるのではなく、「まずは自分で考えてみる」ように仕向ける、どちらかといえば、突き放すスタイルでした。

自分なりのやり方で模索しながら見つけていってほしかったのです。きっと他の人に比べて、一人前に成長するまでにはかなりの時間を要するだろうと覚悟しましたが、それでもかまわないと思ったのです。

しかし、Eさんは私の期待とは裏腹に、できない仕事を1人で抱え込んでしまうようになりました。

私の会社では、1時間の昼休みがありますが、何時から何時という正確な時間を決めていません。まわりに昼休みを取ることを申告すれば、極端な話、11時からの1時間でも16時からの1時間でもいいわけです。

彼の口癖は、「だって、僕、お昼も食べられなかったんです」でした。

多忙が重なり、物理的に昼休みが取れなかったのであれば理解できますし、何より、昼休みも取れない働き方は会社のほうに問題があるでしょう。しかも、昼休憩返上で働きづめになってしまった場合、退社時間を切り上げてもいいと伝えています。

そこで、私や他のスタッフが「Eさん、お昼に行けば？」と言っても、「いやあ、忙しいんで」としか答えません。

そんなに大量の仕事をお願いしていなかったので、「何が忙しいの？」「何につまっているの？」などと尋ねるのですが、「あ～、それは……あ、大丈夫っす」と答えるのです。そんなEさんは、いつしか毎週月曜日の朝には、腹痛、嘔吐《おうと》、頭痛といった体調不良を起こすようになってしまいました。

ゆっくり話そうと時間を取ったところ、「この仕事に向いていない。まわりのみんなについていけない。辞めさせてほしい」とのことで、精神的にかなり追い詰められている様子だったので、楽にしてあげたいと彼の退社希望を受け入れました。

「おいおい、行動が変容した事例じゃないのかよ！」と怒りの声が聞こえてきそうですが、最後まで読み進めていってください。

Eさんが会社を去った後、私は「本当にこれで良かったのだろうか」という疑問を抱くようになりました。

私をはじめ、会社のスタッフの最終学歴は大卒、または短大卒でした。高卒だったEさんは、入社時から高卒コンプレックスを抱えていたと最後に告白しました。それだけでなく、「自分はデキない」「他の人より劣っている」と考える傾向にありました。

第1章や本章の最初でも、「残念な部下」に対して「デキの悪い」と思うなという話をしましたが、Eさんの場合は、自分自身で「ダメ」のレッテルを貼ってしまっていました。

こういった人たちを放っておいていいのだろうか。

企業として（しかも、私が経営しているのは教育研修会社です）、こういう置いていかれてしまうような人材を一人前に活躍できる人材に成長させることが求められているのではないか。

そう考えるようになりました。

そこで次に採用する新入社員は、1つのやり方にこだわらず、さまざまな指導の仕方を取り入れ、一人前に育てたいと決意しました。

学ぶ力が弱くても、大きく変容する——弊社の新入社員の場合②

そんな私の前に現れたのが、最終学歴が中卒のFさんです。詳しく話すと、高校入学後1年生の前期で中退というものでした。

初めて会ったとき、緊張を見せながらもニコニコ話す姿を見て、仕事にもやりがいを持って生き生きと過ごしてほしいと思い、採用を決めました。

低学歴でも、豊富な知識を蓄えている人は多くいるので、学歴の話は持ち出したくないのですが、Fさんが備えている知識量は、言葉はもちろん、物の道理も、社会常識も、本当に驚くくらい乏しいものでした。


弊社には、自分のデスクいっぱい（隣のデスクまで侵食することも多々あります）に資料を広げて作業するGさんがいます。

ある日のことです。Fさんが外回りから帰ってくると、「Fさん、お店広げちゃっててごめんね」と言いながら、Gさんは慌ててデスクを整理し始めました。「は、はい」と小さく返事をしたFさんの顔には戸惑いの表情が……。

私が「Gさんが困った顔してるならわかるんだけど」と言いかけると、Fさんは「よくわからなくって。Gさんが、ここでお店って?」とキョトンとしています。

「お店を広げる」の意味を知らなかったから、困惑していたのです。

その場ですぐに意味を伝えたのと一緒に「他にどんな使い方があるか調べてみて」と指示をしました。

言葉を知らないエピソードはたくさんあり、何度も固まり、その都度誰かが調べるように言葉をかけ、解説や派生した話をしていきました。

数カ月経ったある日のことです。

経理のHさんは、いつも封筒に立て替え経費の精算金を入れて渡してくれるのですが、「Fさん、今日封筒切らしてて、裸でもいいかな？」と申し訳なさそうに言いました。すると、Fさんは「裸!?」と一瞬驚いた表情をしたのですが、「なんとなくはわかったんですが、ちゃんと調べますね」と、こちらが指示をしなくても、自分から言葉の意味を調べるようになりました。

私は高島屋に13年間勤務していたこともあり、言葉遣いにはシビアです。

Fさんは、確認の際にバイト敬語ともいわれる「よろしかったでしょうか」を多用していました。気になって仕方がなかったのですが（学術的な側面からいえば、間違いであると言い切れないこともわかっています）、ベテランスタッフのＩさんも相当気になる様子で、Ｆさんが電話を切ったタイミングで「ちょっと、また言ってたよ！」と注意をしていました。

口癖は、無意識に発することも多く、相当しつこく注意を繰り返さないとなかなか直すことができません。

ある日のことです。Ｉさんが帰り際にＦさんに声をかけました。

Ｉさん「Ｆさん、よろしかったでしょうか、今日、今まで何回言ってたと思う？」

Ｆさん「えっ⁉　数えてたんですか？」

するとＩさんは、壁に貼ってあるメモに書かれた「正」の字を指すと、笑いながら、

Ｉさん「21回も言ってたよ！　よろしかったですかって」

そう言って、オフィスを出ていきました。

Fさん「そんなに言ってるとは思いませんでした」

指摘されたFさんは、かなり恐縮した様子でしたが、意識していても直せていない事実を突きつけられたのです。

Fさんは、その「正正正正一」と書かれたメモを自分の電話の受話器に貼り付けました。

目で見ることで、視覚にも意識させるようにしたのです。

Fさんの「よろしかったですか」が「よろしいですか」になるまでには、かなり時間がかかりました。

しかし、入社2年半後、後輩のJさんが入ってくると、Jさんの電話対応が終わるとすぐに、「Jさん、こういう場合は……」と、あの「よろしかったでしょうか」を修正するまでになっていました。

「なんだ、どれもこれも些細な話じゃないか！」

こう思った方は、イチローの引退会見の中にあった言葉を思い出してください。

「少しずつの積み重ねでしか自分を超えていけないと思う。一気に高みに行こうとすると、今の状態とギャップがありすぎてそれは続けられない。地道に進むしかない」

この章で紹介した事例のどの辺が「スティッキー・ラーニング」なのか、ぜひ考えてみてください。

第3章

学びを定着・持続させるメソッド「スティッキー・ラーニング」

「スティッキー・ラーニング」とは何か？

「スティッキー・ラーニング」と聞くと、コンピューターやネットワーク関連の仕事に従事している人にとっては、ネットワーク機器の1機能を想像するかもしれませんが、一般にはあまり知られていない言葉です。

教育メソッドの概念として、弊社が2015年に商標登録しました。

「sticky」は、**「ベタベタする」「ネバネバする」**という意味の形容詞で、**「くっつく」**を意味する動詞**「stick」**が基になっています。

「ハチミツがこぼれて机がベトベトする」「糊が手について しまい手がベトベトする」といったときに「sticky」が使われます。また、北米では「ポスト・イット」のような付箋全般を指す名詞として「sticky」という言葉が使われています。

一方**「learning」**が「学ぶこと、学習すること」「知識、学問」「学んだこと、学習項目」を意味するのはご存じだと思いますが、心理学での**「学習」**の意味、つまり

「経験や条件付けによって起きる行動変容」という意味を持ちます。

「スティッキー・ラーニング」をそのまま訳せば、**「ペタペタ頭に貼りつけていく学習法」**となります。

児童向けの教育メソッドならば「ペタペタ学習」でも関心を持ってもらえると思えますが、大人の学習者にとっては幼稚すぎますし、「粘着学習」という言葉もしっくりこないため、開発チームで協議した結果、「スティッキー・ラーニング」とそのまま呼ぶことにしました。

この章では、「スティッキー・ラーニング」がどんなメソッドなのか解説していきます。

「スティッキー・ラーニング」のコンセプトと5つのエッセンス

「スティッキー・ラーニング」の重要コンセプトは、次のとおりです。

新しい知識は、過去の経験と結びつけながら繰り返して体得できるよう、絞って伝えて反復させる。

この重要コンセプトから導き出した5つのエッセンスがあります。

①私たちは、五感を通して情報を受け取る。
②新しい情報は、既存の知識と結びつくことで記憶される。
③感情を伴う記憶は、長く持続する。
④伝えるエッセンスは、絞り込む。
⑤繰り返し脳に刺激を与えることで、記憶が定着していく。

5つのエッセンスそれぞれについての詳細は、この章の後半で解説しています。

その前に、なぜこのメソッドがあなたの悩みの種の「残念な部下」に功を奏するのか、その科学的な裏付けや理由が知りたいという方のために、「脳はどのように学んでいるか」「記憶の仕組み」について解説します。

いち早く「スティッキー・ラーニング」の中身が知りたいという人は、ここを飛ばして、97ページからお読みいただいてもかまいません。あとから答え合わせのように読んでもいいでしょう。

大きく変化する学習のあり方

センター試験が廃止され、2021年1月から試験内容が大きく変わる「大学入学共通テスト」が始まることや、教育現場で盛んに使われている「アクティブラーニング」という言葉はご存じだと思います。

「大学入学共通テスト」は、記述式問題の導入等「知識・技能」だけでなく、「思考力・判断力・表現力」をいっそう重視するという考えがベースの、大学入試センター試験に代わる日本の大学の共通の入学試験制度で、新テストとも呼ばれるものです。

また、「アクティブラーニング」とは、従来の一方的な講義形式とは異なり、学修者（「新しい学習指導要領の考え方」では「学習者」）の積極的な授業への参加を促す授業や学習方法の総称です。「ケースメソッド」「アクションラーニング」「参加者中心型学習」などとも呼ばれます。文部科学省が平成29年に公示した「新しい学習指導要領の考え方」に記載されています。

主に米国では、1995年頃から教育理論の焦点が「教えること」から「学ぶこと」にガラッと転換しました。それに伴い、教育理論における脳科学の重要性が高まり、**指導者の役割も、受講者へ一方的に知識を授けることから、受講者の知識習得の介護者へと変化**しています。

次項では、学習しているときの脳の働きについて見ていきますが、1点だけお断りします。

私は脳科学の専門家ではありません。科学的な説明が「スティッキー・ラーニング」をお伝えする上での最低限の説明になっているので、割愛されているとお感じの方もいるかもしれませんがご容赦ください。

脳はどのように学んでいるか？

脳は、おおまかに次の4つの部位から成り立っています。

◎**大脳**：感覚や運動、記憶、言語、計算といった認知機能をつかさどる。
◎**間脳**：食欲や睡眠などの本能的な営みや内分泌、自律神経などの生理機能にかかわる。
◎**小脳**：体の動きやバランスをコントロールしている。
◎**脳幹**：大脳から出る命令や大脳に向かう情報が通るところ。循環や呼吸も制御している。

脳のおよそ8割を占める「大脳」は、外側の領域の「大脳皮質」と内側の領域の「大脳辺縁系」に分かれます。

◎**大脳皮質**：感情、感覚、記憶、思考などの重要機能を担っている。
◎**大脳辺縁系**：喜怒哀楽の感情、情緒、情動などをつかさどる。

「大脳辺縁系」の中で、記憶に大きくかかわっているのが「海馬」と「扁桃体」です。

◎**海馬**：知識の保管場所。図書館のように脳が受け取った情報を分類し、ファイルする。雑情報、重要情報共に保管する。
◎**扁桃体**：情動情報の処理場所（快・不快を生み出す）。入ってきた情動情報を長くすべき重要なものか選別する。

脳は、五感を通して情報を受け取っています。

私たちが見たり（視覚）、聞いたり（聴覚）、触ったり（触覚）、味わったり（味覚）したことは「脳幹」で選別され、「視床（間脳にある）」に伝えられます。

ただし、嗅覚だけは、視床を経由せずに、直接「扁桃体」に伝えられます。「プルースト効果」と呼ばれる、ある特定の香りを嗅ぐと、それにまつわる過去の記憶が呼び覚まされる心理現象があります。「街中で偶然に香った匂いで誰かを思い出した」がそれにあたります。

例えば、人は誰か他の人に会ったとき、「海馬」で「その人が誰であるか」を考え、「扁桃体」で「その人のことをどう思うか」を考えます。

◎ニューロン（神経細胞）：脳の働きの基本単位。情報を伝える・受け取る役目を担っている。

◎シナプス：ニューロン同士が情報のやりとりをする場所。

学習は、2つのニューロン間の情報の伝達により起こります。

情報は、「樹状突起」から「細胞体」に入ってきます。そして、その情報が伝達すべきものであれば「軸索」に送られ、他のニューロンに伝えられます。情報が「軸索」の末端までくると、「シナプス小胞」という袋が破れて「神経伝達物質」が放出され、隣接するニューロンの「シナプス受容体」「樹状突起」がそれを取り込み、情報が伝わります。

脳全体で千数百億個のニューロンが網の目のようなネットワークを形成し、情報処理を行なっています。

シナプスの数は500兆個から1000兆個です。大脳では1㎣に10万個ものニューロンが詰まっていて、巨大なネットワークを形成しています。

ニューロン間の情報伝達は、アドレナリン、ノルアドレナリン、ドーパミン、セロトニンなどの「神経伝達物質」を介在して行なわれます。

例えば、運動することで交換神経が刺激されると、アドレナリンが分泌され、興奮状態になります。

アドレナリンが分泌されると、脳の活動が活発になり、集中力や注意力が向上し、学習効率が上がります。「運動しながら学習⁉」と思われるかもしれませんが、何もテニスをプレーしながら勉強したり、サッカーボールを蹴りながら仕事を覚えたりということではありません。

記憶の仕組み

記憶とは、私たちの脳内に保存された神経のつながりのパターンです。

私たちが覚えている感覚や考えたことのすべてが、巨大な神経のネットワークをつくり変えます。

「スティッキー・ラーニング」の目標は、記憶を意味あるものとして常に検索可能な状態で脳内に長期間保存し、新しい情報と結びついたときに新たな知識に変化できるようにすることです。

記憶という働きは、次の3つのステップから成り立っています。

①脳が情報を受け取る

←　**②それを保持する**

←　**③必要に応じて呼び出す**

前項でも触れたとおり、感覚器（嗅覚を除きます）から入ってきた情報は「海馬」で一時的に保管されますが、「人間は忘却の生き物」という言葉のとおり、そのほとんどは消え去ってしまいます。

ですが、繰り返し思い浮かべたり、口にすることによって形づくられた情報だけが大脳皮質へ送られ、刻み込まれるのです。

ですから、記憶は保たれる時間によって3つに分類できます。

◎感覚記憶：1秒未満しか持続しない記憶。映像、音、匂いなどの記憶。無意識のうちに起こる。コントロール不可。

◎短期記憶：数秒から1分間ほど保持される記憶。感覚記憶が興味深かったり、注意をひくときは、短期記憶に転送される。容量は7±2アイテムまで。時間の経過とともに消えてしまい、再び検索されることはないが、重要だと思われる情報は、長期記憶に転送される。情報を何度も繰り返し唱えることで、情報が短期記憶から長期記憶に転送される。

◎長期記憶：死ぬまで保持される記憶。陳述記憶（事実、出来事、経験、概念など）と非陳述記憶（技術、習慣など）がある。

脳には**「作動記憶」**と呼ばれるワーキングメモリの機能があります。

短期記憶を一時的に保ちながら操作する過程のことです。メモを取るまでもないことを一時的に頭の中に置いておくことができるのです。ワーキングメモリを使うとは、何かを覚えて他に余計なことをして、また思い出す。脳のメモ帳を多重に使うわけです。

先ほど、短期記憶で保持できる容量は7±2アイテムまでとお伝えしましたが、それはワーキングメモリが同時に処理できる能力が5〜7つ前後といわれているからです。最大処理がこの数なので、「無理なく同時に処理できるのはその半分」とも最近の研究で指摘されています。

プリンストン大学の認知心理学者のジョージ・A・ミラー氏が「一度聞いただけで直後に再生できる記憶容量はどのくらいか」について研究し、1956年に『マジカルナンバー7±2』という論文を発表しました。その後もマジカルナンバーについての研究は続き、ミズーリ大学の心理学教授のネルソン・コーワン氏が2001年に**「4±1」が正しいマジカルナンバー**だと提唱しています。

例えば、

電話番号 0312345678

電話番号 03-1234-5678

どちらが覚えやすいでしょうか？

また、運転免許証は12桁の数字で構成されていますが、真ん中の5～8番目の数字だけ赤で網掛けされています（お持ちの方は、ぜひご自分の目で確認してみてください）。これは、12桁の数字を覚えやすくするためのものです。1234-5678-9012と4つずつのかたまりならば覚えやすいと実感している方もいるでしょう。

あなたの短期記憶能力はどれくらいあるのか？

次に紹介するワシントン大学のサイトで気軽に試せるので、ぜひ体験してみてください（http://faculty.washington.edu/chudler/stm0.html）。

長期記憶に定着させる5つの経路

それでは、「スティッキー・ラーニング」に大きくかかわる長期記憶について詳しく見ていきます。

長期記憶への定着には、5つの経路があります。

◎意味記憶：言葉から伝えられる情報（授業、本、会話など）。
◎エピソード記憶：個人的体験や出来事についての記憶（場所や状況に関連する）。
◎手続き記憶：物事を行なうときの手続きについての記憶（身体で覚えたこと）。
◎習慣記憶：無意識のうちに習得すること（計算技術、五十音など）。
◎情動記憶：感情を伴った記憶。

「意味記憶」は、言葉の意味など、社会的に共有する知識や家族の名前などの個人的な情報の記憶を指します。

「エピソード記憶」は、記念日の夕食のメニューといった自伝的な出来事や災害などの社会的出来事の記憶です。

「手続き記憶」は、記憶障害になっても失われない記憶といわれています。自転車の乗り方、ピアノの演奏、スキー、けん玉といったものです。そういえば、数年前の「ひよっこ」というＮＨＫの朝の連続テレビ小説では、主人公の父親が記憶喪失になってしまいますが、なぜか田植えがスムーズにでき、身体が覚えているんだと家族が涙するシーンがありました。

「習慣記憶」は、ある刺激とある反応が繰り返された結果、対となって記憶されていくものです。ロシアの生理学者イワン・パブロフの名前で有名な、犬に餌を与える前にベルを鳴らすことで、犬はベルの音を聞くだけで唾液を出すようになる（パブロフの犬）現象がこれに当たります。前半部分で紹介した「私がカレーと聞くとキッチンに恐怖を感じる」のも、この習慣記憶に該当するかもしれませんね。

注目すべきは、**「情動記憶」**です。

情動記憶は、他の記憶経路よりもはるかに勝ります。人は何かを判断する際、過去の記憶を基準にしています。このとき、判断基準に影響を与えるのが情動記憶です。その記憶を元に、「うまくいくのか」「失敗するのか」を判断しています。経験に伴う感情が強ければ強いほど、その情報と経験が溶け合い、1つの印象的な経験となり、強く記憶に残ります。

ネガティブな感情より ポジティブの感情のほうが記憶に残る

情動記憶では、ポジティブな感情を伴うときのほうが、ネガティブな感情を伴うときよりもよく覚えていることがわかっています。

事例として、ネイリストスクールで講師をしているKさんからうかがった「残念な学生」への指導の仕方について紹介します。

割と簡単に技術を習得できるのが、「爪へマニキュアを塗ること」。ただ、キレイに塗れず、爪の付け根がギザギザしてしまったり、色むらができたり、つるんとした仕上がりにならずボコボコになってしまう生徒さんが少なくないそうです。

そこで、Kさんが心がけていることがあります。

技術のチェックをする際に、**10本ほとんどガタガタの状態でも、どこか1本でもいいので、いいところがないか、必死に探す**のです。

常識的に考えて、1本の成功例より9本の失敗例が目立つのですから、ネイリストとしては話になりません。

そこで、Kさんがその生徒に、

「キレイに塗れているのは1本しかないじゃない。これじゃダメよ、もっと練習しなきゃ」

と言ったところで、その言葉で発奮する生徒は少ないので、このようなネガティブな指摘はしないようにしているそうです。

最初から否定しないのには理由があります。

出来上がりが一目瞭然ですから、講師のKさんが言わずとも、生徒本人が技術の未熟さを十二分に感じているので、**最初から否定的な指摘をしてしまうと、何度も練習を重ねても、失敗を繰り返してしまう**のだそう。それは、「私はデキない」「私は下手くそ」という感情が生徒本人の記憶に刷り込まれてしまうのが原因です。

その傾向を知っているKさんは、必死に見つけた1カ所のいいところを指摘して、

「わ〜、この薬指、キレイに色が出ているじゃない！」

とまず褒めるようにしているといいます（よくできたと認める）。

褒められた生徒は、下手なりにできることがあることを発見して、憧れの職業だったネイリストをあきらめなくていいことに安堵《あんど》します。

そこで、Kさんは続けます。

「あ、でもよく見て。ここがまっすぐじゃないでしょう？　わかるかな」

生徒は、「やっぱり」という顔でうなずきます。

「ここがまっすぐだと、すっごくキレイだと思うんだ。うーん、残念だな〜」

「もったいないから、次はまっすぐになるように意識してみて」

技術の至らない点はしっかり指摘しますが、否定的にならないようなテンション（惜しい、もったいないという気持ちをオーバーと思うぐらいに出すそうです）で、改善点を伝えます。

ただ、9本が不合格（残りの1本もギリギリ合格）です。指摘すべきポイントはたくさんあります。

生徒が指摘を受け入れたところで、Kさんは思い出したかのように他のダメな点を

指摘します。

「あっ、それから、爪先がザラザラしちゃってるじゃない。ファイリング（ヤスリをかける）のとき、どの角度でやってる？　あ、それじゃ傾けすぎだから、これくらいに戻してね」

教える技術のコツは変わらないのに、ネガティブな気持ちで受け取るか、ポジティブな気持ちで受け取るかで、次の仕上がりがまったく違うといいます。

Kさんが行なった伝え方と順番をまとめます。

①ほとんどダメでも、必死にいいところを1つでも探す。

←

②見つけた1つのいいところを思いっきり褒める（よくできたと認める）。

←

③生徒自身が、下手なりにできることがあることを発見してもらい、安堵したこと

を確認する。

↓

④「こうすると、もっと良くなる」「惜しい」「もったいない」といった言葉を駆使して、否定せずに改善点を指摘する。

↓

⑤生徒が指摘を受け入れたところで、思い出したかのように他のダメな点を指摘。そのときも、やったことを全面的に否定することなく、さらに良くなるための方法を伝える。

いかがですか？

同じ指導するにも、伝え方と順番次第で大きく変わる典型例です。

それでは、ここからいよいよ「スティッキー・ラーニング」を実践するための５つの方法に迫っていきます。

五感を刺激する――「スティッキー・ラーニング」を実践するための方法①

五感は、先にもお伝えしたとおり、私たち人間の脳に大きく影響を与えています。まずは、**視覚を刺激するのが一番効果的**です。

感覚情報は、主に視覚と聴覚から入ってきます。物を見るとき、目だけで見ているのではなく、目が捉えたイメージを脳が加工・認識・解釈しています。だまし絵やトリックアートは、目の錯覚ではなく、脳の錯覚で起こります。

視覚を通じて得た情報は、聴覚を通じて得た情報より伝わりやすく、またイメージから伝わる情報は、文字情報より6000倍速く処理されるといわれています。

また、1つの感覚器を使うよりも、複数の感覚器を通じて情報を得るほうが、脳がより活性化され、記憶が定着されやすい傾向があります。

例えば、黙読するよりも音読するほうが視覚と聴覚の両方が刺激され、テキストや本の内容が記憶に残りやすくなります（さらに書き写しながら声に出すと、より記憶に残ります)。

嗅覚だけ他の4つの感覚とは情報を脳に届けるルートが異なり、五感の中で最も感情記憶と関係が深く、記憶の定着を促すことは、すでにお伝えしました。

あなたの職場に特定の匂いを持ち込むのは難しいでしょうが、「残念な部下」の扁桃体を刺激し学習したことを忘れにくくするために有効なので、**嗅覚の活用は考える価値があります**。

しかしその一方で、研修や個別指導を行なう際に「食堂を使う」「喫煙所の近くを使う」などをすると、逆に嗅覚が効果を阻害する要因にもなりますので注意が必要です。

あなたの職場環境はいかがですか?

室温、日当たり、椅子の配置等も五感に影響します。

自分のまわりが「残念な部下」ばかりだとお嘆きならば、**部下に指導する以前に職場環境を改善**してみてください。

また、いつも同じ会議室でミーティングを行なっているならば、五感を刺激するカフェテリアなど、**いつもと違う場所でミーティングをする**ことも、記憶を定着させることに有効です。

環境の影響力をナメてはいけない

私が実際に経験した例をお話しします。

とあるプロ野球球団の若手選手を対象とした研修の会場は、長年にわたって「選手食堂」で行なわれていました。施設が古く、研修スペースもないため、やむを得ず食堂を使うしかなかったのです。

食堂は、一般的に休息やリラックスをする空間です。選手の身体は、このことをあらゆる五感で記憶しています。食堂に入る扉のノブの触り心地や手応え、部屋に残る料理や調味料の匂い、蛍光灯など照明の刺激、お尻で感じる食堂の椅子の感触などです。

このすべての刺激が「リラックス・リフレッシュ」へと自分の意識や刺激を切り替えるスイッチとなってしまっていたのです。

そのような場所で研修や学習を行なおうとしても、**いくら頭で「食堂だけど、今は休息ではなく、学習の時間だ」と意識を保とうとしても、それは非常に難しい**ことなのです（五感の刺激を甘く見てはいけません）。

幸いにして、数年後には球団の選手育成担当者さんの尽力により研修専用スペースが設けられました。その専用スペースで研修を行なうようになって以降、選手の研修への集中力が、誰の目から見ても格段に高まることとなりました。

食堂以外にも、集中力を阻害しやすい場所はまだまだあります。

「商談スペース」は、商談や取引先の記憶を呼び起こすので、「あ、いけね！　あの取引先にサンプル送らなきゃいけなかった！」など社外業務の記憶を呼び起こしやすくなります。

「お叱りを受ける際によく使われる会議室」は、身体の防御反応を呼び起こして、自分の意見を言いにくくさせることがあります。

繰り返しになりますが、皆さんも、**ミーティングに応じた場所選びを決して疎かにしない**ように気をつけてみてください。

視覚イメージを活用して教える——プレゼンする際の諸注意

視覚イメージを活用してプレゼンする際、いくつか注意点、ポイントがあります。大きく次の3つです。

①スライドの文字数は少なく。1ページ30文字以下に抑える。

②パワーポイントのみに頼らず、動画再生やデモンストレーションなどを織り交ぜて、スライド、ビデオ、アニメーション、サウンド等が統合されたプレゼンテーションをしたほうがいい。

③画像を使いすぎない。視覚から取り込まれたイメージは、まず短期記憶に送られ、作業記憶に送るかどうかの選別がされるが、あまり情報が複雑すぎると作業記憶

に送られにくい。

既存の知識と結びつける——「スティッキー・ラーニング」を実践するための方法②

新しい知識をまっさらな状態で覚えさせようとしていませんか。既存の知識との関連づけをできるだけ心がけたいところです。

新しい情報は、古い知識と関連づけることによって、記憶としてより長く定着するからです。

新しい情報が入ってくると、脳は、以前に符号化され、長期記憶に保存された情報や経験の中から似た記憶回路を見つけようとします。それは、脳は新しく記憶回路をつくるよりも、既存の回路を利用したがるからです。

既存知識と結びつかないときは、研修受講生は情報の意味を理解する前に、情報を重要でないと判断して切り捨ててしまい、新しい情報は、短期記憶から長期記憶に転送されず、90分も経てば忘れられてしまうリスクを抱えます。

古い知識がないときは、新しい情報に関連する経験などと結びつけます。

「残念な部下」が新情報と既存知識をうまく結びつけられないときは、あなたがたとえ話や、具体的な例示をするなどして、橋渡し役になるといいでしょう。

既存知識を関連づけるテクニック「先行オーガナイザー」

先行オーガナイザー（Advance Organizer）の使用も、既存知識と関連づけるのにとても有効です。

先行オーガナイザーとは、**学ばせたい知識を整理したり、対象づけたりする目的で、学ばせたい知識に先行して提供する枠組み**を示します。

例えば、反復訓練を重視しすぎて、知識の習得を軽んじているアスリートに対して、私はけん玉を使った先行オーガナイザーを使用しています。

まず2名の受講生に前に出てきてもらいます。その際、「けん玉が苦手な人」を指名するのがポイントです。

この2人に、同時にけん玉の「とめけん」(玉を垂直に引き上げ、けん先で受ける)という技に挑戦してもらいます。この技は、けん玉初心者にはとても難しい技です。

その際、2人のうち1人にだけ、私から知識の付与を行ないます。

耳元でコソコソと、「玉を指先で高速回転させて、遠心力を生じさせること」「けんを可能な限り垂直に立てること」「膝を柔らかく使って玉を引き上げること」の3つを伝えます。

さあ、いよいよ始めます。

2人のうち1人には私からの知識付与が行なわれていますが、もう1人には何の知識も授けていません。

さて、結果はどうなるか。

これまでの私の経験では、8:2の割合で知識付与された選手が先に技を成功させています。

この状況を、これからアスリート座学を初めて受ける選手たちに目の当たりにさせ

フォレスト出版　愛読者カード

ご購読ありがとうございます。今後の出版物の資料とさせていただきますので、下記の設問にお答えください。ご協力をお願い申し上げます。

●ご購入図書名　「　　　　　　　　」

●お買い上げ書店名「　　　　　　　　」書店

●お買い求めの動機は?

1. 著者が好きだから　　2. タイトルが気に入って
3. 装丁がよかったから　　4. 人にすすめられて
5. 新聞・雑誌の広告で（掲載誌誌名　　　　　　）
6. その他（　　　　　　）

●ご購読されている新聞・雑誌・Webサイトは?

（　　　　　　）

●よく利用するSNSは?（複数回答可）

□Facebook　□Twitter　□LINE　□その他（　　　　）

●お読みになりたい著者、テーマ等を具体的にお聞かせください。

（　　　　　　）

●本書についてのご意見・ご感想をお聞かせください。

●ご意見・ご感想をWebサイト・広告等に掲載させていただいてもよろしいでしょうか?

□YES　□NO　□匿名であればYES

あなたにあった実践的な情報満載! フォレスト出版公式サイト

http://www.forestpub.co.jp　フォレスト出版　検索

郵便はがき

料金受取人払郵便

牛込局承認

2000

差出有効期限
令和4年5月
31日まで

162-8790

東京都新宿区揚場町2-18
白宝ビル5F

フォレスト出版株式会社
愛読者カード係

フリガナ お名前	年齢　　　歳 性別（ 男・女 ）
ご住所　〒 ☎　（　　）　FAX　（　　）	
ご職業	役職
ご勤務先または学校名	
Eメールアドレス メールによる新刊案内をお送り致します。ご希望されない場合は空欄のままで結構です。	

フォレスト出版の情報はhttp://www.forestpub.co.jpまで!

るのです。そして、私はこう伝えます。

「1つの技を身につけるのに、**『知識なしの反復練習』**と**『知識ありの反復練習』では、知識ありのほうが明らかに短時間でできる**ことを、今、君たちは目撃したよね。アスリートは80歳までやれる仕事じゃない。君たちにとって時間は宝物のはずだ。知識は時間を短縮してくれる。アスリートとして成功したいのなら、知識を武器に戦うことが絶対に有効だ」

知識は技術習得の速度を加速させる、という先行オーガナイザーをあらかじめ付与しておくこと。

そして、**既存知識がないのであれば、その場でつくって体験させてしまう**ことがポイントです。

先行オーガナイザーの効果を決める「話すタイミング」

ビジネスシーンであれば、**「これから部下が行なう仕事に関連したあなたの過去の失敗談を話す」**のも有効な先行オーガナイザーとなります。

皆さんも過去の失敗談を部下に話したことはあるでしょう。そのタイミングはいつでしたか?

話すタイミングが重要です。

失敗した部下に話すのは、せっかくした話の信憑性を落とします。話を聞いた部下は、「自分を慰めるための創作話ではないか?」と思う可能性があります。

また、昼食や休憩時間などの雑談の話題として話すのも効果が半減します。雑談ですから、部下はすぐに忘れてしまう可能性があるからです。

先行オーガナイザーとしての効果を生じさせるには、**これから部下が行なう仕事の**

「前」が最適です。

前に話すことで、部下はその仕事の一部を疑似体験できます。失敗してしまうリスクがどこにあるのかも、あらかじめ少しだけ知ることができます。そして、実際に自分がその仕事を行なった後、先行オーガナイザーとなったあなたの失敗談が部下の既存知識の役割を果たし、学びをより深め、その定着を促進することが期待できるのです。

感情記憶を重視する——「スティッキー・ラーニング」を実践するための方法③

感情記憶は、他のどの種類の記憶よりも勝ります。これを活用しない手はありません。

記憶に伴う感情が強ければ強いほど、記憶は長い時間定着し、思い出すのも容易です。

感情記憶を呼び起こすのに有効なものは、**「個人的な経験」「ストーリー」「音楽」**

「感情移入できる一般的な経験や出来事」などです。

例えば、私は「1970年」生まれなのですが、「1970年生まれです」と西暦を伝えるだけよりも、「大阪万博」という国の一大イベントに関連づけたり、「テニスの伊達公子さんと同い年なんだ」としたほうが相手の記憶に残りやすくなります。

コア・メッセージを繰り返す——「スティッキー・ラーニング」を実践するための方法④

コア・メッセージ（軸となる事柄）を繰り返し伝えていきます。

部下を指導・教育する際、あれやこれやを一度に詰め込みたくなる気持ちを抑えます。「残念な部下」ほど、あれもダメ、これもダメな状態であることはわかりますが、そこはあなたが我慢してください。

とにかく、伝えたい項目を絞り込みます。

考えながら話すと、読点「、」でつながった長い長い一文になってしまい、「何を言ってるの？」「何が言いたいの？」という状態になってしまいます。

コア・メッセージは、句点「。」でつなげることを意識し、一文で7語までの長さ（短期記憶の容量以内）にして、深みがあり、業務内容にふさわしく、価値あるものにするよう努めます。

ホワイトボードやノートの使用などにより**視覚にも同時に訴えれば、より印象に残すことができます**。

折に触れ、コア・メッセージに立ち戻って指導をすることは、「残念な部下」に業務内容を記憶させるだけでなく、業務の到達目標を明確にすることにも役立ちます（＝刷り込みですね）。

また、**コア・メッセージを繰り返したり、言い換えたりする**ことにより、それを「残念な部下」により印象づけることができます。短期記憶が繰り返されることで、長期記憶に転送されることはもうおわかりですよね。

15分ルールを使いこなす——「スティッキー・ラーニング」を実践するための方法⑤

15分ルールを使って、関連性を示し興味を持たせます。「スティッキー・ラーニング」では、15分という単位を1つのユニットとして構成しています。

15分ルールとは、**長期記憶をより確実なものにするために、新しい情報を徐々に伝達し、15分以内にもう一度繰り返す**ことです。

繰り返しは、ストーリー仕立てにしたり画像を使ったりして、感情を刺激するよう努めることが大切です。

「残念な部下」の注意を引きつける時間が長ければ長いほど、情報は長期記憶として保存される確率が高くなります。

注意を引きつけ続けることにより作業記憶になる回路が安定し、新しく得た情報が長期記憶に転送される可能性が高まります。

業務において、15分でメッセージを繰り返すというのは難しいこともあるでしょう。しかし、「こまめに繰り返す」だと、どれくらい繰り返せばいいか、解釈に違いが生まれるでしょう。ちなみに「こまめ」とは「労をいとわずかいがいしく立ち働くさま」を指します。

ちょっとしたムダ話こそ、部下の記憶に残る

ストーリー仕立てのストーリーは、おもしろくなければいけません。なぜならば、脳は退屈なものには注意を向けず、関心を持ち続けないからです。

つい、「本題の妨げになるから、余計なことを言ってはいけない」と、新しい仕事を説明するときに業務の詳細な説明に終始しがちです。

しかし、学習能力の低い人は、それだと覚えてくれません。一生懸命説明すればするほど、むなしくなってきますね。

「私は覚えるのに、3日かかったんだけど……」

「先輩の○○さんは、30分でマスターしてしまって社内最速記録はまだ破られていないんだよ」

といった**関連エピソードを少し加える**だけで、ワーキングメモリで触れた「何かを覚えて、余計なことをして、また思い出す」が生まれやすくなります（とはいえ、脱線しすぎるとただのおしゃべりになってしまうので、お気をつけください）。

理解度を推し量りながら、あえて実践させる

「残念な部下」に学んだことの要約をさせたり、他の部下や同僚を巻き込んで話したり、ロールプレイングやディベートを通して理解を深めさせ、記憶として定着させることは非常に有効です。

その際にあなたは**「残念な部下」の理解度を確認する**ことが必要です。

学んだことを実践することを奨励しましょう。

運動システムは、脳が学習したことを実行するので、行動により記憶がより定着し

ます。

伝統芸能における「口伝」が良い例ですよね。口伝とは、その字のごとく、口で伝え、教え授けることです。伝統芸能などでは師匠が流派の奥義や秘伝を口伝えに教授していきます。芸術の世界で、こんな言葉があります。

口伝は師匠にあり、稽古は花鳥風月にあり

義太夫の元祖、竹本義太夫が遺した言葉です。

芸術を開花させるには、口伝と花鳥風月両方の稽古が必要で、どちらが不足しても完成しないことを意味しています。「花鳥風月」とは「自然界の美しいものや景色」のことですが、つまるところ、専門性は師匠に口伝えで教わるものですが、稽古は師匠のみに限らず、日常生活のすべてにあるから、あらゆるものが芸の肥やしになると言っているのです。

「万物を芸につなげていく考え方を身につけましょう」ということで、「自然を注意深く観察するだけでなく、自然に身をおいて五感を研ぎ澄ませる感覚を磨きましょう」と説いています。

あれ？　どこかで聞いたポイントと同じことを言ってはいませんか？

学ぶことは、知識を得るだけでなく、「残念な部下」の生き方、選択、反応、思考を変化させるのです。

「残念な部下」の記憶に残すための8つの心がけ

「スティッキー・ラーニング」のコンセプトは、

新しい知識は過去の経験と結びつけながら繰り返して体得できるよう、絞って伝えて反復させる

でしたね。

ここで、指導・教育する際に必要な心がけを8つにまとめました（マジカルナンバー7±2、マジカルナンバー4±1を意識していることに気づきましたか？）

【ア】「残念な部下」を退屈させないようにしましょう。さまざまな仕掛けを活用し「残念な部下」の五感や感情を刺激し、興味や注意を引きつけておきましょう。思い出してみてください。映画でもドラマでも（小説でもマンガでもかまいません）展開が容易に予想されるような作品には退屈してしまいますよね。逆に、あまり展開が見えにくい作品も観る側の不安をあおるので、良い評価になりません。

【イ】指導のペースに変化を持たせましょう。例えば、研修であれば、講師が一方的に講義をするのではなく、映像を使用したり、グループ・ディスカッションをさせたりして、講義にメリハリをつけます。「残念な部下」に学んだことのまとめなどを書かせて沈黙の時間をつくること、また普段と違った位置や違った姿勢で指導を行なうことも有効です。

【ウ】指導の最初の数分で、部下の注意を引きつけるようにします。

【エ】指導の終わりに、内容の要約を行ない、重要点を再度繰り返します。

【オ】重要点は、コア・メッセージ等を使用し、項目を分けて短い言葉に置き換えます。また、それらが重要な理由を十分に説明しましょう。

【カ】一度の指導や指示に、たくさんの内容を詰め込みすぎないようにします。詳細については、必要に応じてマニュアルや情報源などを案内し、自己学習も促すようにします。私は目安として、自分の伝えたいことの3分の1だけを伝えるように心がけています。

【キ】「残念な部下」に学んだことをまとめる時間を与えましょう。例えば、一時停止して、それまでの内容を要約するなどです。

【ク】学んだことを実践するように仕向けます。直接実践に結びつかない事柄であっても、それが自分の人生、仕事、生活にどのように反映するか、関係するかなどについて考えるようにすすめます。

最も平均学習定着率の高い学習方法は、他人に教えることであるといわれますが、その数値に実証的根拠は見当たらないとされています。

ですが、他人に教える（話す）ことで、自身の五感を刺激します。また、15分ルールまでいかずとも、繰り返しの効果があります。インプットされた情報をアウトプットすることで、人に伝えることで、自身の理解が深まり、記憶も定着していきます。

以上が、指導・教育する際に必要な8つの心がけです。

職種や業種によって指導すべき業務内容は異なるはずですし、本書でひと括りにしている「残念な部下」だって、それぞれが前提として持つ能力や指導される状況がさまざまに異なります。ここまでご紹介してきた「スティッキー・ラーニング」のメソッドによる効果も異なってくるでしょう。次章では、部下のタイプ別にどんなふうに活用していくか、事例とともに紹介していきます。

「スティッキー・ラーニング」を使った紙上研修

本書の「はじめに」を思い出してみてください。あっ、ページをめくるのはまだ早いです。

どんなエピソードが語られていたでしょう?

箇条書きでいいので、キーワードだけでもいいので、書き出してみてください。書き出す時間は1分です。

それでは、用意スタート!

さあ1分経ちました、思い出せましたか? 思い出せなくても大丈夫ですが、

◎高島屋での話

◎食品売場での話

◎ショーケース拭きの話

これらのうちどれか1つは挙げられましたか？

「え⁉　それだけでいいの？」と拍子抜けしてしまった人もいるでしょう。

前項の**「【ウ】指導の最初で注意を引きつける」**を意識して本書を書いたのですが、いかがだったでしょうか？

このまま解説していきます。解説をご覧になってから、「はじめに」に戻っていただいても結構ですし、フーンと読み流してしまっても結構です。あなたが「スティッキー・ラーニング」メソッドを理解して、部下に活かしてくれればいいのです。あなたが納得する方法で、本書を活用してください。

私は最初にAさんを褒めました。いつも怒られてばかりのAさんにとって、意外な始まりだったと思います。**「【ウ】指導の最初で注意を引きつける」**を実践していたんですね。そして、Aさんの注意を引きつけたと思います。

続けて業務についての話が来ることは、彼女も予想できたと思いますが、「五感」というワードに驚いたと思います。「えっ、五感？　仕事とどう関係あるの？」と業務に直接関係なさそうな言葉を用いることで**「【ア】退屈させない」**で示している興味を引くような展開に持ち込みました。

次に、**「【イ】指導のペースを変える」**ですが、私は口頭での指導だけでなく、業務を実際に自分でやって見せています。

そして、Aさんにも実際に手を動かしてやってもらっています。**「【ク】学んだことを実践するように仕向ける」**をしていました。

とても短い時間での指導ですが、メリハリをつける工夫をしていました。私は**「【エ】最後に要約する」**はできていませんでしたが、Aさんが教わったことや感想を自分の言葉で言い直していたので、結果的に**「【キ】学んだことをまとめる時間を与える」**ができました。

まわりに意識を向けるよう指導しましたが、**「【カ】たくさんの内容を詰め込まない」**を意識して、3つの音の話に絞りました。従業員同士の会話、館内放送、レジな

残念な部下を
戦力にする方法

読者の方に
無料プレゼント

著者×長谷川寿 氏（元・Honda硬式野球部監督）
スペシャル対談原稿

（PDF ファイル）

著者・坂井伸一郎さんより

元・Honda 硬式野球部監督で、現在、Honda のグループ会社で部下をマネジメントする立場にある長谷川寿さんと著者・坂井さんによる、スペシャル対談原稿です。「残念な部下」をどのように戦力にしていくかについて、それぞれの立場で語ります。ぜひダウンロードして、本書と併せてご活用ください。

特別プレゼントはこちらから無料ダウンロードできます↓

http://frstp.jp/zannen

※特別プレゼントは Web 上で公開するものであり、小冊子・DVD などをお送りするものではありません。
※上記無料プレゼントのご提供は予告なく終了となる場合がございます。あらかじめご了承ください。

どの機器の音……、他にも聞こえてくるものを全部言わずに絞りました。

「【オ】コア・メッセージを使用し、短い言葉に置き換える」ですが、見直していただくとわかりますが、私は3行にわたるような長い会話はしていません。短い文章をいくつもつなげています。

また、「五感」「視覚、聴覚、嗅覚、味覚、触覚」「手を動かし」「耳を澄ませば」「聞こえてきたり」「聞こえるでしょ」「視線」「見ながら」とポイントとなるキーワードをさまざまに言い換えています。

そして、このAさんへの指導は、同時に店長への指導でもありました。もし、再度読まれるならば、私が店長をどういうふうに意識していたか考えてみてください。

では、「スティッキー・ラーニング」の5つの要素についてはどうでしょう。

こちらもAさんに対しての指導の解説にとどめますので、店長に対してどうであったか考えてみてください。

①五感を刺激する

ダイレクトに五感の話をしていますが、私が話すことや耳を澄ましてもらうことで「聴覚」、拭き方を見せることで「視覚」、ダスターを手にすることで「触覚」を使っています。Aさんなりに五感を意識することで他に「嗅覚」も使えること、「味覚」は使えないと彼女なりに解釈しています。惣菜売場の話なので、商品の味も重要なんですが。

②既存の知識と結びつける

彼女は、ショーケースを磨く技術はすでに持っています。そこにまわりへの配慮をプラスすることが大切だと、すでにできていることと関連づけています。

③感情記憶を重視する

怒られてばかりという彼女に褒められるという喜ばしい体験をしてもらいました。また、単に「まわりに配慮しなさい」というのではなく、それが具体的にどういうことであるか、例を交えて話すことで印象に残るようにしました。

④コア・メッセージを繰り返す

「ボーッとしないで」「いろんなことに気をつけて」が言いたいことですが、五感を意識することができるようになると、何度も言い換えて伝えることにより、Aさんは彼女なりに話のオチをつけてまとめていくことができました。

⑤15分ルールを使いこなす

そもそも指導全体が5分もかからないような短い内容でしたが、「言葉で説明する」「実践してみせる」「本人にやってもらう」と3度も繰り返しました。

これは20年も前のことで、私が無意識にしていたことでした。「スティッキー・ラーニング」という概念を知らなかっただけで、すでにあなたが無意識のうちに行なっていることがいくつもあったのではないでしょうか？

とはいえ、そんなあなたが「残念な部下」に悩まされている状況は、一刻も早く改善したいですよね。

次章では、さまざまなタイプ別の部下に対する「スティッキー・ラーニング」活用法を見ていきます。

第4章

部下のタイプ別「スティッキー・ラーニング」活用法

「スティッキー・ラーニング」を実践する

前章の最後で、本書「はじめに」の冒頭で紹介した事例を使い、「スティッキー・ラーニング」を、どこでどのように使って部下を指導するかを解説しました。

「すでに実践している」

「これなら自分でもできそうだ」

そんなふうに思われた人は多いのではないでしょうか。

「残念な部下」と十把《じっぱ》一絡《ひとから》げに言ってもさまざまでしょうし、複数の問題要素を抱える人も少なくないでしょう。

腹を立てずあきらめずに、「スティッキー・ラーニング」を実践すべく、「残念」なタイプを10に分けてみました。

①五感を刺激する。

②既存の知識と結びつける。
③感情記憶を重視する。
④コア・メッセージを繰り返す。
⑤15分ルールを使いこなす。

これら5つのポイントを踏まえて、
新しい知識は過去の経験と結びつけながら繰り返すことによって体得できるよう絞って伝えて反復させる。

「しつこいよ！」と思う方は、すでにあなたの頭の中に「スティッキー・ラーニング」のコンセプトがしっかり入っているということです。

特にしつこいと感じない方も、「そう言われれば」と思い出したのではないでしょうか。

「スティッキー・ラーニング」のメソッドを踏まえた上、**指導の際に心がけてほしいポイントも8つ紹介**しました。「しつこい！」と思わなかった方は、前章の114ページに戻ってみてください。

「残念な部下」のダメダメな話が続くので、イライラするかもしれませんが、事例を読み進むにつれ、イライラではなく、「私ならこうしよう！」というアイディアが出てくることを期待します。

【タイプ①】社会常識に欠ける

今回、本書を書くにあたって過去に自分が体験したことはもちろん、友人知人から新たにヒアリングしましたが、必ず出てきたのが、「遅刻が多い」というエピソードでした。

遅刻が多い人は、時間管理ができないわけですから、

「提出期限が守れない」

「納期が守れない」

「ムダな残業をしてしまう」

といった具合に、時間厳守ができないことは、他のさまざまな失敗につながってしまいます。

「残念な部下」には、こういった**「社会人基礎力」以前の基本的な生活習慣に問題があること**が多いものです。

他には、

「挨拶ができない」

「返事ができない」

「言葉遣いがおかしい」

といった具合です。

製造業やサービス業に携わっている方ならば、職場環境の改善のスローガン「5S」に触れたことはあるでしょう。

◎**整理（Seiri）**：必要なものと不要なものを区別し、不要なものを捨てること。

◎**整頓（Seiton）**：使いやすく並べて表示すること。

◎**清掃（Seisou）**：きれいに掃除をしながら合わせて点検すること。

◎**清潔（Seiketsu）**：きれいな状態を維持すること。

◎**躾（Shitsuke）**：整理整頓清掃清潔を常に維持すること。

最後は「躾」ではなく「習慣化」（Syukanka）としている企業もあると思いますが、ここではあえて躾とします。

幼い頃に家庭で躾られているべきことができないまま大人になってしまったわけです。

大人を躾るというのは、子どもを躾る以上に時間がかかることは理解しておきたいものです。

5年分の生活習慣を変えるよりも、20年以上体に染みついている生活習慣を変える

ほうが大変です。年齢が上がれば上がるほど、改善が困難になりますから、上司としては、

「いい大人がなぜできない！」

という考えとはサヨナラしておく必要があります。

遅刻に限らず、あなた自身、「失敗ゼロで今までやってきた！」と言う人はいないと思います。誰でも間違えることはあります。

ですから、**最初の失敗（遅刻）は、次からは気をつけるよう伝えます。**

このとき、合わせて伝えるべきことがあります。

「スティッキー・ラーニング」の観点から言えば、「コア・メッセージを伝える」です。

そうです、

「時間厳守の大切さ」

「なぜ遅刻はいけないのか」

その根本を教えます。

「時間は守らないとダメだよ」だけでは、いけないのです。

「他の人の時間を奪ってしまう」

「その時間も給料が発生している」

……など、**時間厳守が意味することの本質を伝えましょう。**

そして、「次は遅刻するなよ！」で締めがちですが、これもやめてください。

間違いなく、その部下は遠くない未来、遅刻してしまうでしょう。

8つの心がけにありましたよね。

ネガティブなイメージを部下に残すのではなく、ポジティブなイメージを部下の頭に残します。

「明日は○×時だからね！」

「次は定時の10分前だから、何時に来ればいい？」

……など、注意の仕方も工夫してください。

さあ、2度目の失敗（遅刻）です。

最初と同じ注意の仕方ではありません。**事の重大さを知らせるために、声を荒げるのは効果的**です。ただ、あなたが普段から声を荒げているのではあれば、まったく逆効果です。むしろ、静かなトーンで話しましょう。

いつもと異なる話し方が有効なのは、「スティッキー・ラーニング」の五感の刺激です。

ただし、他の人がいる前での叱責は見せしめでしかないので、あなたと部下の2人の空間を設けてください。そして、**「時間厳守の大切さ」を改めて伝え、「3度目はないこと」「3度目が起こったときには、4度目を起こさないために、こちらの指示に従った改善に取り組んでもらう」ことを付け加えておきます。**

ついに、3度目の失敗（遅刻）が起きてしまいました。

呆れてしまうでしょうが、ここでひと踏ん張りします。

大声で怒鳴り散らしたくなる気持ちもわかりますが、部下が遅刻を繰り返さぬよう、いや、時間を厳守する人に変身させるよう、「スティッキー・ラーニング」を使って、部下の行動変容にもっていきましょう。

あなただったら、どんなルールを作成して、部下の遅刻癖をなくしますか。

《遅刻多発①》アパレル販売店での事例

【対策ルール】指定の時間に起きた旨を上長に電話をする。連絡がない場合、上長からモーニングコールをする。

「上長が部下にモーニングコール？」と思うかもしれませんが、「会社の信用問題にかかわるから、あなたがこのままでは困る」ということを伝え、「一緒に（遅刻癖）を直していきましょう」と言うと、その部下はボロボロ涙をこぼしながら、「ありがとうございます」という言葉を繰り返したそうです。

というのも、その部下は遅刻癖が原因で「解雇→転職」を繰り返していて、今回もクビを宣告されても仕方がないと覚悟していたのだそうです。解雇を免れるどころか、一緒に直そうという姿勢がうれしかったのだといいます。
親御さんからも「なんで起きられないの！」と怒られたことしかなく、目覚ましをいくつかけても効果が表れず、自分は一生遅刻し続けるものだとあきらめていたという告白があったそうです。
部下から「起きましたコール」がかかってくるまでに、3カ月かかったそうですが、この温情な対応を受けてから、仕事への取り組み方が変わったといいます。以前よりも真面目に取り組むし、接客も丁寧になったとのことです。

《遅刻多発②》イベント運営会社での事例

【対策ルール】指定の目覚まし時計を複数個購入。時間差で鳴るように設定させる。就寝前にセットした旨の報告を入れさせる。

それまで、携帯電話のアラーム機能しか使っていなかった上に、スヌーズ機能も使っていないため、一度鳴った音に気づかなければ終わりというものでした。上司の目の前で携帯電話のアラーム機能をスヌーズ付きで10分ごとに違う音で設定させたそうです。

そこまでしなくてもと思われるかもしれませんが、生活習慣を変えるためにも、本人任せにせず、共に解決するようにしたとのこと。

就寝前のアラーム設定を報告させたのも、それまでの遅刻の原因にアラームのセット忘れがあったからです。

「生活習慣を直すことも仕事のうち、遅刻が直らないうちは仕事上で迷惑をかけている分、あなたのプライベートにも干渉せざるを得ない」と伝えると、迷惑をかけていることは重々承知していたため、本人も納得の上での改善の取り組みでした。

始めて1カ月で遅刻の頻度が激減（初めの3回が2週間の間で起きていました）。その後、遅刻ゼロになるまでに半年を要しましたが、自分なりに生活習慣を見直す努力（夜更かしをしない、深酒をしないなど）をするようになったそうです。

《遅刻多発③》就職活動がうまくいかない事例

遅刻魔の中には、遅刻がいけないことと理解していない人も多いことをお伝えしたく、就活に苦戦していた学生の事例を紹介します。

申し分ない学歴を持っており、海外留学経験、ボランティア経験も豊富。コミュニケーション能力もズバ抜けている優秀な学生さんでした。最終面接までいくものの不採用ばかりで、面接の指導をしてほしいと弊社にやってきました。

模擬面接をしても、「間違いなく合格！」という受け答えをしていたので、この学生の欠点は他にあるのではないかと感じました（会社との相性もあるでしょうが、受ける企業ほぼすべて最終面接まで進んでいました）。

そこで、「もしかして、面接に遅刻してたりしない？」

と尋ねたところ、悪びれた様子もなく、「あ、はい。それ、関係ありますか？」との答えが返ってきました。

最終面接に限らず、ギリギリ到着や遅刻が多いそうで、「でも、着く3分前とかには連絡入れていますし、面接では特に何も言われませんでしたし……」と続けるので、私は「時間厳守の大切さ」「信用問題」を伝えました。

「遅刻はいけないと思いつつも、そんなに大事だとは思っていませんでした」という彼は、アドバイス後、すぐに内定をもらっていました。

特に外国の人だと、価値観の問題で、時間厳守に重きを置いていない人が多いのはご存じのことでしょう。

日本旅行の際、1分遅れただけで電車が行ってしまう、バスが行ってしまう。おかげで、旅行の予定が狂ってしまったと書いたブログが炎上してしまったシンガポール在住の方のケースもあります（「それはあなたが間違っている」と、他のシンガポール人からの指摘もありました）。

時間に対する価値観が違うことを踏まえた上で、時間を守れない人に対しては、日本においては時間厳守が常識であることを叩き込む（コア・メッセージを繰り返す）必要があります。

こういった一般常識的なものが欠けている場合は、しつこいくらい、繰り返し繰り返しの指導が必要になってきます。

第2章で「よろしかったですか」を直すのが大変だった事例を挙げましたが、言葉遣いも癖（ほぼ無意識に発している）になっているので、意識させることから始めていかねばなりません。「なぜ、その言葉遣いをしないほうがいいか」も伝えた上で、何度も何度も、その都度指摘していくと、そのうち「今、言っちゃってましたよね？」と自ら気づくようになっていきます。

「家庭や学校じゃないんだから」と思わず、根気強く一般常識を身につけさせるようにしましょう。

というわけで、この項では、問題に合わせて少々しつこく言及してみました。

【タイプ②】とにかく忘れてしまう

複雑な業務ではなく、些細なことすら覚えられない部下にイライラしたという経験はありませんか。ルーティン化できるような、単純なこともすぐに忘れてしまうケースも多々あるでしょう。

私の会社では、退社時にセットした留守番電話の設定を出社時に解除するところから仕事が始まるのですが、新入社員が来る日も来る日も設定の解除を忘れ、次に来たスタッフが気づいて慌てて解除するという状態が続いていました。

「朝一番にすることだし、毎日することなのに……。難しいわけじゃないのに、なんでできないのかねぇ〜」

と他のスタッフは呆れ顔なのですが、「スティッキー・ラーニング」を学習したあなたは呆れずに、この新入社員に何と声をかけるでしょうか。

《簡単なことも忘れてしまう》教育研修会社での事例

【対策ルール】本人が誰にも指摘されずに気づくように紙にメモさせる。

この新入社員のデスクの目の前の壁には、「電話」と大きく書かれたA4サイズの紙が貼ってあります。

何もそんなことを特大サイズで書かずとも、小さな付箋に「電話解除」と書くこともできるでしょう。どの大きさの紙にどうメモするかの指示はしませんでした。

「絶対に忘れないようにするにはどうすればいいと思う？」

と、自分で考えさせるようにしました。

指導する際の8つのポイントを思い出してください。

傍から見て、「そんなことメモしなくても……」と思うことがあるかもしれませんが、必要かどうかは本人しかわかりません。

ＰＣ、スマートフォン、アプリのログインなど、私たちは、日々さまざまなＩＤ入力やパスワード入力を求められます。本来メモに残してはいけないものですが、全部丸暗記している方のほうが少ないでしょう。

ＩＴ系の企業に転職した友人がポツリと打ち明けた内容が「パスワードが覚えられない」というものでした。

会社のＰＣにログインする際に8桁のパスワードを求められ、中のソフトにアクセスする際に4桁のパスワードが求められ、ファイルには6桁のパスワードがついている、といった具合です。しかも、3カ月に一度パスワードが変更されるのだそう。

メモは絶対禁止で、忘れてアクセスできない場合は、指定の部署に問い合わせる仕組みになっているらしいのですが、転職して何度も問い合わせることになったのがイヤで、ココだけの話ですが、こっそり暗号のようにメモをつくっているとのことでした。

何がメモとして必要なのかは、人それぞれです。「え、そんなことまで！」と思わず、その人にとって必要なものは、しっかりメモをさせる、目につくようにしておくなどの指導が求められます。

【タイプ③】悪知恵が働く

「自分の非を認めず、ごまかそうとする」

そんなタイプの、少々厄介な部下で困っている上司もいるでしょう。

自分のミスを隠そうとする。トラブルから逃げようとする――。

ある研修を他社と合同で行なったときのことです。

ベテラン講師が研修をオブザーブしていたスタッフに、

「今日の研修、何をメモしたの？」

と尋ねました。すると、彼は、

「○▲な話や、△●なことが印象的でした！」

と即座に答えました。

そこで講師は、

「ノートにはどんなことをメモしたの？」

と続けて尋ねました。

すると、彼は鞄の中からノートを取り出したものの、ノートを開くことはなく、講師に「ああだ、こうだ」と答えたのです。

いかがでしょう。このエピソードからどんなことが見えるでしょうか？

おそらく、彼がノートにメモを取っていなかったことは想像に難くありません。だから、ノートを開けずに、講師の質問に自分の記憶を頼りに、適当に答えていたのでしょう。

彼には、「大切な場面でしっかりとメモを取ること」が習慣化されていないことがわかります。

もし、講師からの質問が研修の終わりにではなく、1週間後、2週間後にあったらどうでしょう。おそらくメモがなければ記憶も曖昧《あいまい》で、ほとんど答えられなかったでしょう。

そもそも、彼は、相手の質問（求めていること）に答えていません。

彼の問題点は、

◎相手が求めていることの本質を理解できない、
◎メモ（ノート）を取っていなかったことを隠して、その場を乗り切ろうとする、

という2点が浮かび上がります。

理解力が低いために、自分なりの勝手な解釈で対応していることも問題ですが、自分のミスを隠すズル賢さが気になります。

こうした場合、あなたなら、彼にどんな対応をしますか？

《悪知恵で乗り切ろうとする》教育研修会社での事例

①メモを取ることの重要性を伝える。

②ミスはミスと認めた上で対応することの大切さを伝える。

最初のうちに小さな嘘やごまかしの芽を摘まないと、後々不正行為など大きな問題に発展してしまう恐れもあります。「おや？」と思ったら、放置せず、できるだけ早めに正す必要があります。

【タイプ④】やる気が感じられない

「自分がやらずとも、誰かがやってくれるだろう」と、すべきことに気づいても率先して動かないタイプがいます。

責任感を持って仕事に取り組まない部下にも悩んでしまうものです。

ある情報誌の編集部で起こった話です。

翌日、取材予定の店舗が急にキャンセルになり、代わりに撮影をさせてくれる店舗を探す必要性が生じてきました。

撮影先を探している部下からは（上司は同時進行の別な業務にかかりっきりでした）、進捗の報告がなかったため、昼休み後に1回、その数時間後に1回、それぞれ「明日の撮影、どうなっている?」と聞いたものの「見つかりません」の返事しかありませんでした。

そのまま、時間だけが過ぎていき、23時近くになったときのことでした。

その部下が帰り支度をして帰ろうとしたので、上司が声をかけました。

「明日の撮影場所、見つかったの？　報告してくれなきゃ困るよ」

すると、部下は涼しい顔で
「いえ、見つかりませんでした」

と答えます。

驚いた上司が
「じゃあ、どうするの？」

と続けると、その部下が
「終電がなくなるんで帰ります」

と答えたのです。

「え!?　決まってないのに帰るの？」

と尋ねると、

「だって、タクシー使うなってことだから、終電で帰ります」

と答えたそうです。

この上司は、

「仕事放棄して帰るなら、そのままもう来なくていいから」

と言い放ったそうです。


そう言いたくなる上司の気持ち、よくわかりますよね。

では、こんな無責任な部下、辞めさせるのではなく、行動変容させるために、あなただったらどうしますか。

《やる気がない》雑誌編集部での事例

この場合、翌日の撮影先が見つからないといけないわけですから、
◎泊まり込みでも仕事を遂行する必要があること、
◎任せられた仕事は、最後までやり遂げねばならないこと、

という2点が伝えるべきコア・メッセージです。

また、見つからなくて困っているなら、条件の変更なども視野に入れて、とにかく「翌日に撮影・取材ができる店」を探す必要があるのですから、

◎上司や仲間に助言を求める必要性、

も伝えるほうがいいでしょう。

【タイプ⑤】こだわりが強すぎる

完璧主義すぎて１００点（１２０点）の出来を求め、納期が遅れるタイプです。

頭の中で考えすぎて細部にこだわりすぎたり、時に手を動かさないで思索にふけりすぎたり……。そんなことをしているうちに、時間ばかりが過ぎていく――。

それが周囲に迷惑をかけていると指摘をしても、

「自分は会社とお客様のためにより良いものを提供したいと思って仕事をしているのだから、安易に妥協はできない」

と開き直る人もいます。

さらには、**自分のこだわりや仕事への主義・主張が強すぎて、会社の方針や所属組織の方針そのものに異を唱えたり、自分の仕事が思うように前に進まない理由を環境や外に求めようとする。**

そんなタイプです。

実は私、若い頃このタイプだったんです……。

高島屋に入社後すぐに配属された郊外店での話です。

私の担当は、食料品部の「寿司・弁当売場」でした。担当する商品の1つに、本当に売れない弁当がありました。平日だと5個、土日だと10個入荷するのですが、見事にそのまま売れ残るのです。もちろん売れる日もありましたが、それでも半分以上は残ってしまいます。これでは廃棄ロスが蓄積し、利益どころではありません。

私はデパートマンとして高い意欲を持って入社し、仕事をしていましたので、この問題をなんとか解決したいという思いから、まずは発注数を減らすことに取り組み始めました。平日を3個、土日を5個へと減らしてみたのですが、余計に売れなくなりました。

そんなあるとき、私は考えたのです。

「こんなにも売れない商品を置き続けるバイヤーが無能なのだろう」

私は、売場のリーダーに直訴しました。「バイヤーと直接話をさせて欲しい」と。

そして、自分がこの弁当に代わる新たな売れる弁当を探してくるから、その商品と入れ替えをさせてほしいと訴えたのです。

あなただったら、こんな部下にどのように対応するでしょうか。

《こだわりすぎる》百貨店食料品売場の事例

【対策ルール】その熱意と時間を「売れる商品をより多く売る」ことに注いでみるよう促す。

私は当時、この一点突破のアドバイスに救われました。

こだわりが強い人の傾向として、「自己評価が低いこと」「小さな綻び（うまくいっていないこと）に意識を奪われがち」というものがあります。

まさに当時の私も、「自分が担当しているのに、うまくいっていない」ことに気を取られすぎていたのです。

当時の私の上司は、

「おまえがあの商品を売るためにいろいろ考えて試しているのはわかっている。ちょっとその経験を、いつもたくさん売れている別の商品をより多く売るために使ってみるのはどうかな？　そうすると、また違う何かが見えてきて、それが売れないあの商品を売れるようにする手がかりになるかもよ」

と言ってくれました。

「ちゃんと見ていたよ、よくやっていたじゃないか」と**「感情記憶を刺激（認めて褒める）」**した上で、あっちで試した経験をこっちで生かしてみたら、と**「既存の知識**

と結びつける」提案です。

「売れない商品にどんだけ時間使ってるんだ⁉」と言われていたら、当時のこだわりが強い私は、意地になって売れない商品を売ろうと考えたかもしれません。

でも、上司は私が手にした小さな経験を生かした別の道があることを示してくれました。

このとき、私は自分でも驚くくらい自然に、売れない商品との格闘の手を少し緩めて（あくまで少し緩めるだけで、完全に手放せないあたりが「こだわりが強すぎるタイプ」だなと我ながら思います）、売れる商品をより多く売ることに意識を切り替えることができました。

【タイプ⑥】とにかく否定的

こちらが助言をしたり、別の方法を提案しても、「そうなんですけど……」が口癖のようになっている。何事にも否定的で些細なことでもネガティブに捉えるタイプです。

常にイライラしている様子が見てとれたり、負のエネルギーをまとったような人は、どの職場にも1人や2人はいるかもしれません。

ビジネスシーンでも部下育成でもないのですが、私がコーチングを担当していた、あるアスリートのケースを紹介します。

彼はオリンピック競技種目の有望選手で、国内の世代別大会で優勝したり、世代別日本記録を塗り替えたりしているトップアスリートでした。

世代別で好成績を重ねると、トップカテゴリーの大会に出場するようになります。そこには当然猛者たちが待ち構えているわけで、彼は勝利から遠ざかるばかりか、自分の記録を塗り替えることさえできなくなっていきました。

私が担当していたのは、主にメンタル面のサポートでしたので、彼とはたくさん話をしました。そんな中、私は彼がどんどん「否定的」になっていくのを感じていました。

「でも……」「まあ、それはそうなんですが……」「うーん、どうかなあ……」

彼はそんな言葉を重ねてしまう自分に自分自身で苛立ち、時に私にそれをぶつけたり、時には夜遊びを繰り返して自らのコンディションを落としてしまうなんてことが続きました。

私は、自分の力不足を痛感し、確かなコーチング技術の習得をすべく、約2年間にわたり専門スクールに通い、学び直しをしました。もちろんその間、仕事もこなし、彼のサポートも続けながらです。

あるとき、私の取った1つのアプローチが彼に小さな変化を生みました。

彼は「メン・イン・ブラック」という映画が大好きで、特にそこに登場する主人公の1人、ウィル・スミスが演じる「J」が大好きでした。その日は、2人でこの映画の話を取り止めもなくしていました。

彼が「J」の痛快さや破天荒さを楽しく語っているとき、私はこう聞いてみました。

「もしJが今の君と同じ境遇にあったとしたら、Jはどんな言葉を語り、どんな行動をするんだろうか」

彼はすぐに応じてくれました。

「Jは笑い飛ばしちゃうだろうね。こんなの、悩みでもなんでもない。俺は宇宙人をかまうので大忙しなんだ、ってね」

その日を境に、彼は少しずつですが、彼が望む道を、再び彼らしく歩み始めました。

私がこの経験を通じて、皆さんに提案できることがあります。

◎まずはあなたが、部下が発する負の姿を、その人の性格や性質と捉えず、その人の一側面にすぎないと受け止め直す、

◎その上で、好きな映画、記憶に残る小説、印象深い友人、憧れている著名人など、その人の中にあるプラス思考の体現者のイメージを借りる、

というアプローチです。

負のオーラを発しながら行なう仕事が、どのように周囲に悪い影響を与えたり、自分自身に跳ね返ってくるかを伝えることは、もちろん必要です。

ですが、皆さんは、そんなことはすでに何度も挑戦していて、それでも変化が見えないから、「残念な部下」と感じてしまっているのでしょう。

だからこそ、**「外からのアプローチではなく、中からのアプローチを試みる」**価値があります。

大切なポイントは、「中から」です。

「あなたが好きな映画の主人公がこう言っていた」とか、「あなたが好きな小説にこんなことが書いてあった」と話すのは、「外から」のアプローチの1つです。

「中から」とは、あくまで「部下の中にある経験や記憶の力を借りる」ことですので、自ずと「コーチング的なかかわり」が求められます。

ティーチングを外から与えていくかかわり方とするならば、コーチングは相手の中にあるものを引き出していくかかわり方です（コーチングの考え方や技術についてはここでは詳しくは触れません。興味のある方は、ぜひコーチング関連の書籍を手に取ってみてください）。

相手の中にあるものは、もちろん相手自身の「既存の知識」であるのと同時に、多

くの場合、そのときの「感情記憶」もセットで存在します。スティッキー・ラーニング的には、ぜひとも活用していきたいリソースです。

【タイプ⑦】気が利かない

文字どおりの指示にしか対応できない、自ら考えて動けない、いわゆる**「指示待ち」タイプ**です。

例えば、来客対応の後、あなたが部下に「テーブル、拭いておいてね」と指示したとします。その際、あなたは気がついていませんでしたが、テーブルの下にはゴミが落ちていました。

この気が利かないタイプでは、「落ちているゴミに気づかない」もしくは「気づいても指示がなかったから、拾わなかった」ということが起こります。

もしあなたが指示を受ける立場だったら、きっとテーブルを拭くと同時に、机の下のゴミや椅子の座面に残った髪の毛などがないかまで確認するのではないでしょうか。

なぜならば、「テーブル、拭いておいてね」という指示の目的が、来客が去ったこの空間を、次の会議や来客にすぐ使えるようにリセットしてほしいという意味であることを、あなたは理解できるからです。

それを理解できないこのタイプの部下は、当然ながら、あなたの「お客様にお飲み物をお出しして」という指示にも、単純に水を出すことはできますが、例えば、紙コップを添えて出したり、お客様がお帰りになった後に飲み物を片付けたりすることができません。

そんな部下に対して、あなただったら、どのように対応しますか。

◎来客対応タスクを標語化する、
◎それをホワイトボードなどに書きながら、視覚情報と聴覚情報の2つを同時刺激して部下に伝える、

というのが、私からのスティッキー・ラーニング的な提案です。

仮に、あなたの会社の来客後の会議室リセットタスクが、

◎机を拭く、
◎椅子を戻す、
◎飲み物を下げる、
◎忘れ物点検、
◎ゴミ点検、

だったとしましょう。
これを抜け漏れなく部下にやってもらうため、それぞれのタスクの頭文字をうまくつなげて、「つ・い・飲み・忘れ・ゴー！」と標語化してしまうのです。

標語作成時のポイントは、次の3つです。

①タスクの数と標語の言葉の数を一致させる。
②不完全で耳慣れない不思議な語感は気にせず残しておく。
③標語としての完成度を求めすぎない。

この標語をあなたと部下の共通言語にしてしまえば、あなたは来客をお見送りした後に、「じゃあ、『つ・い・飲み・忘れ・ゴー！』よろしく！」とだけ部下に言えば良いのです。

タスクの数と標語の言葉の数を一致させる目的は、標語を思い出せばタスクを思い出すことに直結するからです。

なお、ここでは当然マジカルナンバーを意識してください。理想は5つ以内。多くても8つまでとしましょう。

不思議な語感は、その耳慣れなさが記憶初期に聴覚へと新鮮な刺激を与えてくれるので、記憶定着を促すことが期待できます。

この標語を考え、決定し、共有する際には、ぜひ部下と一緒にホワイトボードやノートを見ながら行なうようにしてください。お察しのとおり、これは視覚からの刺激も活用しようという意図があります。

防犯標語の「イカ・の・お・す・し」をご存じでしょうか。

2004年に警視庁が考案したとされるこの標語は、

◎「イカ」ない（知らない人について行かない）、
◎「の」らない（知らない人の車に乗らない）、
◎「お」おごえをあげる（「助けて！」と大声をあげる）、
◎「す」ぐに逃げる、
◎「し」らせる（周囲の大人に知らせる）、

の意味であり、全国の小学校でとても高い認知度だそうです。

誰にでもわかりやすく、具体的な行動を促すという点で、標語の持つ力は絶大です。

ビジネスのシーンではこれまであまり使われてきていませんが、スティッキー・ラーニング的視点では、ぜひ使っていただきたい方法です。

【タイプ⑧】失敗するキャラだと言い訳する

「あなたが怒るから、自分は失敗してしまう」と主張する人がいます。

確かに、人は怒られたり叱責されたりが続けば、萎縮してしまうこともあるでしょう。

ただ、「失敗を繰り返す原因は、自分にはない」と強く思い込んでいる人は、「怒られるような失敗をしている」自分を正当化しようとしているだけです。

「難しいことをやらされている」

「人は誰でもミスをするもの」

といったことを自分に都合がいいように拡大解釈しているわけです。

言い換えれば、**「自分は絶対悪くない！」という前提で、思考が始まっているタイ**

プです。プライドが高く、失敗することに必要以上の恐れを抱いているタイプともいえます。

こうしたスタンスを取り続ければ、誰もその人に大切な仕事を頼みたいと思わなくなり、回ってくる仕事は、「ミスをしても何の問題も生じないもの」「単純作業」ばかりとなるでしょう。

ところが困ったことに、こういう人に限って、「やりがいのある仕事をやらせてもらえない」といった不満を周囲に言い広めてしまうことが多いようです。

このタイプの部下に、あなただったら、どのように対応しますか。

難易度が高いケースですが、

◎遠ざけるのではなく、近づける、

◎上下関係ではなく、協働関係を強調する、

というのはどうでしょうか。

この本では、「何が正しいか？（＝間違いをどう質すか？）」ではなく、いかに「残念な部下を戦力化するか？」に力点を置いてお話ししています。

ですので、皆さんは「どうしてそこまでしなければならないのか？」と感じるかもしれませんが、「これからの時代、それが上司・先輩の責務の1つなんです」というのが、私からの回答になります。申し訳ありません……。

スティッキー・ラーニングのエッセンスを少しでも取り入れようとする場合、すでにお察しかと思いますが、**「相手との距離を近くする」ことが必須条件**です。そうでなければ、「繰り返し伝えたり」「五感を刺激したり」できませんから。

このタイプの部下は、接点を持てば、あなたの怒りを呼び起こすため、あなたは部下を遠ざけがちになりますし、相手も同様にあなたを避けるようになるでしょう。

しかし、それではあなたが部下を戦力化するチャンスがまったく生じません。

まずは、上司であるあなたが努力して、距離を近くとるよう心がけてください。会議の席、食事や休憩の機会、移動の機会など、**物理的な距離を近づける**のはもちろん、

報告・連絡頻度を増やすなどの工夫もしてください。

加えて効果が期待できるのは、**上下関係ではなく、協働関係で行なうような仕事を相手に割り当ててみる**ことです。

掃除当番、イベントなどの幹事、ＣＳＲ活動など、指示・報告の上下関係ではなく、役割分担して1つの仕事を完成させるような協働関係を生じさせる仕事をあえて一緒に行なってみましょう。それが難しい場合、社外で開催されているチームビルディング研修などを利用して、協働関係をつくり出すのもいいかもしれません。

あなたとの距離が近づくことは、プライドの高いこのタイプの部下にとっては、本心では嫌なことではありません。さらに、上下関係ではなく、協働関係で仕事ができることもまた、「頼られている」「認められている」と感じてくれる可能性が高まります。

まずは、この関係性をつくることがポイントです。

それが、相手があなたの言葉に耳を傾ける「土台」の役割を果たしてくれます。土台さえできれば、あなたが相手に行なうさまざまな叱咤激励も、必ず相手に届くはずです。

【タイプ⑨】優先順位のつけ方がおかしい

「何もそれを今、一生懸命やらなくても……。他に優先すべきことがあるだろう」

仕事の優先順位のつけ方がおかしいことが原因で、**要領悪く仕事をしてしまうタイプ**もかなりいます。

例えば、新規営業を開拓する現場で、このような事例がありました。

先方の要望を踏まえたサービスを新たに提案するにあたり、次の訪問で企画書を提出することが求められることはよくある話です。

「残念な部下」は、ものすごくボリューミーで、詳細な企画書をつくろうとしますが、全体像が見えておらず、詳細ページの4ページ分だけ妙に精巧なものをつくることに熱中。そのサービスを提案する背景や導入メリットなどを訴求する、企画書において重要な部分が抜け抜けになっている……。

「それ持っていって、相手に伝わる？」

「資料がその後、先方の社内で一人歩きを始めたとき、私たちの説明を聞いていない人からすると、何のことだかわからない資料になってはいない？」

と尋ねて初めて、企画書づくりの全体像をイメージできていないことに気づくパターンです。

あなただったら、どのように対応しますか。

《優先順位のつけ方がおかしい》新規営業部門での事例

◎全体↓部分の順番で仕事を進めていくこと

◎やるべきこと↓やりたいことの順番で仕事を進めていくこと

◎苦手なこと↓得意なことの順番で取り組んでいくこと

という3点が伝えるべきコアメッセージでしょう。

仕事は順番や流れが重要であることを、きちんと理解できていない人は、思いの外多いように思います。

その原因として多いのは、視野の狭さ、視座の低さ、つまり、**全体が見えていないこと**です。

「自分に与えられた仕事を行なう」「自分が担当した仕事をこなしていく」それが行なわれれば、自動的に1つの大きな仕事になるのかといえば、そうではないことを上司のあなたは理解しているはずです。

1つひとつの仕事と、その仕事同士のつながり。

この2つの要素がうまく溶け合って初めて、仕事は力を持って成果を生み出してくれます。これについて、粘り強く繰り返し伝えていってください。

【タイプ⑩】コミュニケーションが下手

他のタイプと重なるケースも多いのですが、**「報連相ができない」「進捗状況を伝えない」「できないと言えない」「極度の引っ込み思案」**といった、人とのコミュニケーションが得意でないタイプがいます。

経費精算の提出締切日当日の話です。

経理に経費精算をしてほしいと連絡があったのに、経理担当のところにその部下はやってきませんでした。どうなっているのか尋ねる連絡をするも、何の返事もありません。

しばらくして「△○時に行きます」とだけ、メールがきました。その時間は、経理担当が退社する予定時間を過ぎていました。

経理担当は、勝手な対応に呆れながらも、定時退社をせずに精算書が届けられるのを待っていました。

ところが、△○時を過ぎても音沙汰がありません。しびれを切らし、何度も電話をかけたところ、やっと電話に出て、「急な打ち合わせが入ったので行けなくなりました」と迷惑そうに話したといいます。

あなただったら、どのように対応しますか。

《連絡してこない》経理部との事例

このタイプに伝えるべきことは、次のとおりです。

◎自分が連絡しないことで、他の人や部署に迷惑をかけている。
◎連絡の仕方を伝える。

他の人（この場合は経理担当）の時間を大きく奪ってしまっていることが良くないことはしっかりと伝えねばなりません。

この自分本位の残念な部下は、まわりに迷惑をかけていることに気づいていないのです。

コア・メッセージとして、

「仕事は複数の人が協力し合って成立しているもの」

という当たり前のことに気づいていません。

しかし、これを指摘しただけでは、この部下の行動は改善されないでしょう。

連絡の仕方まで指導する必要があります。
「考えればわかる」と思ってはいけません。
考えてもわからない部下だから、問題を引き起こすのです。
◎できるだけ早く返事をしなければいけないこと。
◎スケジュールは、自分の都合ではなく、相手の都合を優先すべきこと。
◎目上の人（取引先）には、指定ではなく、依頼しなければならないこと。
◎予定が変わってしまった時点で、すぐに連絡を入れること。
◎謝罪が最優先であること。
こうした1つひとつのエッセンスに対し、どのようにメールをすればいいか、どのように電話をすればいいか、**具体的な文例や会話例を一緒に考えるぐらいのレベルで教えていく必要があります。**

こちらからの提示だけでは、「スティッキー・ラーニング」にならず、行動変容にまで結びつきません。ダメな部分が多い分、より丁寧な指導が必要になります。

この章では、「残念な部下」の10タイプについて、それぞれの対処法をお伝えしてきました。

いずれのタイプに対しても共通する指導ポイントは、とにかく**「絞って伝えて、反復させる」**です。これは「スティッキー・ラーニング」の重要コンセプトです。「残念な部下」を戦力にすべく、ぜひあきらめず、見捨てずに、根気強く「絞って伝えて、反復させ」てください。必ずあなたにとって頼もしい戦力になってくれるはずです。

テレワーク時代の「スティッキー・ラーニング」

2020年に入り、新型コロナウイルス感染症の拡大の影響で多くの企業や組織でテレワークが導入されるようになりました。

月の90％以上がテレワークになっているという人もいれば、10％程度という人もいるでしょうが、いずれにしても日本においてはこれまで誰も経験したことがないような仕事環境の変化が生じていることは間違いありません。

この新たな仕事環境の中で、私は「スティッキー・ラーニング」の考え方は、どのように活かすことができるのかについて考え、実践しています。

現時点で、私は大きく2つのことが言えると感じています。

1つは、**「絞って伝えて、反復する」**という考え方は、テレワーク環境においては非常に重要かつ効果的である。

もう1つは、**「五感を駆使してコミュニケーションをする」**という考え方がさらに重要になってくる。

一見すると、場や空気感の共有が難しいテレワーク環境下では、五感は使いにくいように思えます。

しかし、限られた五感（ほぼ視覚と聴覚のみ）しか使えない環境であるからこそ、その残されたたった2つの感覚の両方をいかに使い切って、部下とコミュニケーションを行なうかが重要になります。

この2つのポイントについて、掘り下げていきます。

テレワークの環境だからこそ、「絞って伝えて、反復する」

まずは、「絞って伝えて、反復する」について。

テレワークを数カ月行なってみて、私自身、これまでいかに業務指示の後に、多くの「追加」や「補足」を部下に対して行なっていたかを再認識させられました。

これは、テレワーク環境になるまではまったくの無自覚でした。

今までは、会議を終えて会議室を出て、席に戻るまでの過程で、部下に追加情報を伝えたり、昼休みの食事の席で、先ほど指示した仕事の進め方のアドバイスをしたり……。

このようなことを、今まで当然のように行なっていました。

こうした間延びして、ようやく完結するようなある意味あいまいな業務コミュニケーションが、テレワークに移行した途端、まったく機能しなくなってしまったのです。

その結果、テレワーク初期にはテレビ会議の終了後に「ちなみに……」や「言い忘れてたけど……」といったメールやＬＩＮＥを部下に何度となく送りつけ、部下から「坂井さん、申し上げにくいのですが、一度に伝えていただけないでしょうか……。すでに進めていることがムダになってしまうので……」とクレームにも似た改善要望をもらう有り様でした。

そこで、「絞って伝えて、反復する」の出番です。

仲間や部下と、自然かつ自由度高くコミュニケーションができる共有時間は、テレワークによって激減しています。

そうであるならば、限られたコミュニケーション機会の密度を高め、あいまいさを排除することは必須になります。


「自分は今、何の目的で何を行なおうとしているのか？」

「その中にあって、部下には、何を、いつまでに、どのように行なってもらいたいの

か？」

「（部下とのコミュニケーションの機会が減っているのだから）今自分が行なった指示は、どのような目的や全体像の中にあるのか？」

といったことを、まずは上司であるあなたがしっかり整理することが求められます。その上でステップ・ステージを明確かつこれまでより少しだけ短く設定した上で、部下に伝える必要があります。

これこそ、「スティッキー・ラーニング」的なポイントです。ステップ・ステージを短くすることで、中間チェックや完了確認までの期間が短くなるはずです。ここで、反復効果が期待できます。

この上司側の「絞って伝えて、反復させる」ことが、テレワーク環境下にあっても、「残念な部下」が力を発揮し、役割・期待に応えてくれる可能性を高めます。

テレワークでは、「視覚」と「聴覚」を完全に使い切る

もう1つの「五感を駆使してコミュニケーションをする」ですが、テレワーク環境下においては、「視覚と聴覚の両方を完全に使い切る」と読み替えてください。

前提として、テレワーク前の今までの仕事は、自分が考えている以上に、「私たちは周辺情報や流れ、雰囲気に助けられながら仕事をしてきていた」ことを再認識する必要があります。

例えば、これまでの職場であれば、リーダーが数枚の書類を片手に苛立ち気味にやや早足で事務所のデスクに戻ってきて、席に腰をかけるかかけないかのうちに「○○くん、ちょっときてくれる？」と部下を呼べば、たいていの人は急ぎの仕事か、厄介な仕事か、はたまた自分が何かをミスしたか……と感じるでしょう。

なぜ感じるのか？

「書類片手」も「苛立ち気味」も「早足」も、視覚と聴覚の情報だと思うかもしれませんが、実はそれだけではないのです。

実際には、それらが発する雰囲気やリーダーが醸し出す空気、それに反応しているまわりの人の微細な変化までも、人間の体感覚はキャッチしています。

視覚と聴覚に加えて、そのような「空気」をキャッチした部下たちの体感覚が、「急ぎの仕事か、厄介な仕事か、はたまた自分が何かをミスしたか……」と感じさせているのです。

この**「空気」「体感覚」は、テレワークの環境下ではほぼ伝わりません**。消えてしまいます。

テレワーク用の会議システムツールを見ていると、相手の顔や背景が見えるし、声も聞こえるので、すべてが共有されていると勘違いしがちです。

しかし、しょせんはデジタルツールです。情報は0と1に置き換えられてインターネット回線を高速移動し、相手の端末上で再構成されているに過ぎません。伝わるものはどうしても限界があるのです。

では、どうすればいいのか？

ここはシンプルに、**「喜怒哀楽の表情」「身振り手振り」をはっきりと表現し、「声の強弱や声色を意図してはっきりと使い分ける」**ことを心がけてください。

あなたが「残念な部下」と思う相手は、決して無能な人間でも、無能な社会人でもありません。

テレワーク環境の特性をあなたが正しく理解し、その環境にふさわしい伝え方を行なう努力を実践することによって、あなたが「残念な部下」と思う相手は、あなたの想像や期待を超える働きをしてくれるに違いありません。

第5章

「スティッキー・ラーニング」を使いこなすための日常トレーニング

五感を磨いて、部下の機微を捉える

第3章で「スティッキー・ラーニング」が五感を刺激することの大切さをお伝えしました。五感を活用することが、鋭い観察力につながります。

シャーロック・ホームズしかり、小説や映画に出てくる名探偵と呼ばれる人たちは皆、鋭い観察力で小さな変化も見逃しません。

すでに触れましたが、「残念な部下」の場合、粗が目立つため、良いところが見つけにくいというのが本音でしょう。些細な良いことにも気づけるようになるためには、あなた自身も五感を磨くトレーニングをすることをおすすめします。

これから紹介するのは、ほんの一部です。他にあなたがご存じの訓練法があれば、ぜひ私にご教示ください。

「視覚」トレーニング

スポーツの世界では、優れた選手ほど動体視力が良いといわれています。

「目の前を通り過ぎる自動車のナンバーを意識してみる」といったことも十分トレーニングになります。

また、「跳躍性眼球トレーニング」(https://menokoto365.jp/magazine/vision-training-numberhunt-firstlevel/)と呼ばれる、視線を瞬時に動かすという視覚アップの訓練法があります。

1〜50の丸数字がランダムに配置されています。いかに早く1〜50を順に追えるかを訓練していくものです。

「聴覚」トレーニング

日々私たちのまわりはさまざまな音であふれかえっています。

音楽はもちろん、話し声、電子機器の音……。**1日1回「無音」の時間をつくる**ことを意識してみることをおすすめします。

ご家族がいると、なかなか無音の時間をつくることは難しいかもしれませんが、つけっぱなしのテレビ、ラジオ、音楽を止めてみるだけでもＯＫです。

無音の状態で、何か考え事をしたり、作業をしてみてください。

「嗅覚」トレーニング

ソムリエの資格をお持ちの方はもちろん、ワイン通な方は、まずワインを口にする前に香りを楽しむと思います。

コーヒーや紅茶のテイスティングも同様で、嗅覚トレーニングの第1ステップは、**「香りをかぐ」**ことです。

普段、飲食の際、口にする前に飲み物・食べ物の香りをかいでいますか？

試しに鼻をつまんで、飲食をしてみてください。味覚がおかしくなったと感じるかもしれません。

嗅覚は、記憶だけでなく、味覚とも密接に結びついています。風邪をひいたときに食事がおいしく感じられないのは、嗅覚も大きく影響しているのです。

食事に限らず、筆記具、タオル……など、あなたのまわりのもの、どんな匂いか、すぐにイメージできますか？

ぜひこれからは、手に取る際に意識して、その香りを感じてみてください（あまり、クンクンしているとまわりから不審がられますのでお気をつけください）。

また、いい匂いか、くさい臭いか、はたまた香りがわからなくなったら、**自分の腕に鼻を近づけてみてください**。嗅覚が自分の匂いでリセットされ、わかりやすくなります。

「触覚」トレーニング

もしＤＩＹが趣味の人だったら、粗さの違う紙ヤスリをいくつか持っているかもしれません。

お手元にあれば、**小さく切って、目隠しをして、手触りだけで粗さを順に並べてみてください**。これだけでも、触覚のトレーニングになります。

バラエティ番組の定番ゲーム企画に「箱の中身は何だろう？」がありますよね。箱の中に手を入れて、中に何が入っているかを当てる（ヘビやカエル、トカゲといった爬虫類《はちゅうるい》、ザリガニなどの生き物に触れて悲鳴を上げるタレントのリアクションを楽しむ）ものですが、家族や友人に協力してもらい、目隠しで何に触れているかを当てるというものも、触覚を鍛えるのに役立ちます。

「味覚」トレーニング

「クラヤミ食堂」というイベントが不定期で開催されています。

アイマスクを着用して、真っ暗闇の中、視覚以外の感覚を研ぎ澄ましてフルコース料理をいただく、というものです。

視覚を遮断されると、何を食べているのかが曖昧になり、味覚をいつも以上に意識せざるを得ません。

協力者が必要ですが、部屋の明かりを消した中、目隠しして料理（お菓子でもOK）を用意してもらってください。

味覚に集中して、何を口にしているか当ててみましょう。

「瞑想」トレーニング（マインドフルネス）

第3章で「スティッキー・ラーニング」が脳と記憶の働きに注目したものだと説明したように、脳は24時間休むことなくフル稼働しています。

脳に対する健康法としてすっかり定着したのが「マインドフルネス」です。

「ストレスの緩和」や**「ポジティブな感情を増進する」**といった効果が報告されていますが、近年では**「記憶力がアップする」**という研究報告もあります。

私たち人間の1日の思考回数は18万回だそうです。あれこれ考えることで脳はかなり疲弊しています（特に「残念な部下」をお持ちのあなたは、余計に考えることが増えているかもしれませんね）。

脳（心）と身体を休め、リセットする方法を簡単にご紹介します。

《マインドフルネスの準備》

◎マインドフルネスを行なう際は、善し悪しの判断をしない。感じたことをそのまま受け入れる。
◎マインドフルネス中は、「今、ここにいること」に立ち返る。つい「考え事」を始めてしまいがち。もし、考え始めたら、考え始めてしまったことに気づいて、「感じる」時間に戻る。

《マインドフルネスの実践》

①姿勢を整える。
②深呼吸をする（鼻からゆっくり息を吸い、それ以上にゆっくり息を吐く）。
③1分間深呼吸を繰り返す。
※「今ここにいること」に意識を集中させ、雑念が浮かんだら、先の《準備》に従い、考えたことを手放す。

ふさわしい「たとえ」を探す——コミュニケーショントレーニング①

コミュニケーションは、キャッチボールによくたとえられます。

スピードボールが自慢だからといって、むやみやたらに剛速球を投げても、相手がキャッチできなければ意味がありませんよね。

「スティッキー・ラーニング」の中にコア・メッセージを繰り返し伝えることがありますが、伝えたいことの本質を、**「相手に合わせたたとえ話で伝える」**という手法があります。

私は、比較的たとえ話がうまいほうらしく、「あ、そういうことか！」「わかりやすい」と言ってもらえることが多いのですが、中には苦手な人もいるようです。

履歴書やエントリーシートといった応募書類の書き方の指導に定評のある先生が、ある高校で講演をしたときのことです。

「一度でスパッと合格ラインのものが書けることのほうが稀で、何度も書いては添削を繰り返すことで、納得いくものに仕上げることができるようになる。だから、志望理由が書けないという苦手意識は捨てて、練習しましょう」

といった趣旨の話をしました。そこで、

「ほら、あなたたちの制服もそうでしょう？　ネクタイを締めたり、リボンを結んだり、最初は時間がかかっていたでしょう？　でも、今じゃパパッとできるでしょう？それと同じです。繰り返すこと、練習することは怠らない」

とたとえていたのですが、聞いている生徒たちは、半分わかったような、わかってないような表情をしていました。

同席していた私は生徒たちの戸惑いに気づいたのですが、残念ながら、その先生は気づいていませんでした。

男子の制服がブレザーにネクタイスタイルになったのは今の1年生からで、講演対象の3年生は学生服でした。また、女子生徒のリボンは自分で結ぶものではなく、出来上がったリボンをホックで留めるタイプのものでした。

だから、「毎日習慣的に行なっているうちにスキルが身についた」というたとえが、ピントの外れたものになってしまっていたわけです。

では、あなただったらどんなことにたとえますか？

◎顔を洗う、
◎歯磨き、
◎洗髪、

などなど、いろいろありますよね。

では、新入社員に伝えるときは、他にどんなたとえがあるでしょう。

男性社員だったらヒゲ剃り、女性社員だったらメイクにたとえると、腑《ふ》に落ちやすいようです。


伝える相手にとって、どんな話だったら一番わかりやすいか、相手をよく観察して的を射たたとえ話をするようにしたいものです。

「言い換え」を探す――コミュニケーショントレーニング②

先ほど、伝えたいメッセージの内容のたとえ、つまり、言い換えを探すことを意識しましょうとお話ししました。

使う言葉（言語力）そのものも、トレーニングで強化することができます。**ボキャブラリーや表現力を磨いて、相手がしっくり来るものの言い換えができるようにしたいものです。**

ここで、問題です。

「消火器」を英語で表現してください。

英語が得意な人なら「fire extinguisher」と、すぐに訳語が出てくるかもしれません。

では、英語は話せても、「fire extinguisher」という単語を知らない、小さな子どもに消火器を説明するとしたら、あなたはどうしますか。

Oh! fire! I want stop this fire.
I need red tank. Red tank can stop fire.

これは、中高生のアスリート向けの英語のコミュニケーション研修で、中学生たちが実際に答えた回答です。

この**「知っている単語だけで言い換える」トレーニングは、自身の発想力、表現力のブラッシュアップに効果的**です。

「残念な部下」に説明する際は、相手の知っている言葉を組み合わせての言い換えを余儀なくされることがあります。ぜひ試してみてください。

おわりに

最後までお読みいただき、ありがとうございます。

本書を手にしたときは、「残念な部下」はとてもお困りで手を焼く存在だったと思います。

しかし、ここまで読み進めると、学び慣れていない「残念な部下」に、「スティッキー・ラーニング」メソッドを導入して、彼らの行動変容を促したい、リーダーに育ててみたい、そんな気持ちが生まれたのではないでしょうか。いえ、試してみようかな、程度でもかまいません。

さまざまな業界で実際に起きた「残念な部下」にまつわる事例を数多く紹介しました。個人を特定できぬよう、細かな背景や状況などは加工しましたが、すべて実際に仕事の現場で起きた事例です。

また、文中で著名な人の言葉をいくつか引用しましたが、いわゆるビジネスでよく知られているものではなく、異なるジャンルで活躍する方の言葉をお借りしました。これも「スティッキー・ラーニング」の一環です。普段のあなたのビジネスに直接関係なさそうな方々の話をあえて出すことで、あなたの脳を刺激し、新たな脳の領域を広げるきっかけになるからです。

「スティッキー・ラーニング」という言葉を聞くのは初めてだったかもしれませんが、多くの人が経験的に知っている既存のノウハウや経験則のようなものを脳科学の知見で裏付けながら再編集し、蓄積したものなので、「やったことがある」「ああ、あれか」ということが多かったと思います。

これからは「スティッキー・ラーニング」だと意識して、「絞って伝える」を繰り返していくことで、少しずつでも部下の成長を実感できるようになると信じています。

最後になりますが、本書にかかわってくださった多くの方たちに感謝の言葉を述べます。

私に執筆をすすめてくださった生島企画室の生島隆さん、構成をはじめ、多くのアイディアをくださり、脱稿まで導いてくださった、フォレスト出版の皆さんには本当にお世話になりました。また、表現や事例、言葉のチョイスに多くのアドバイスをくれた永井槇さんにも、この場を借りて感謝申し上げます。

さらに、本書読者への無料プレゼント（http://frstp.jp/zannen）として、特別対談にご協力いただいた長谷川寿さんに深く御礼申し上げます（詳細は巻末ページ参照）。

進化論を唱えたダーウィンの名言といわれている（『種の起源』にも記述はなく出典が曖昧）言葉に、

「この世に生き残るのは、最も強き者でも最も賢い者でもない。それは、変化に対応できる者だ」

というものがあります。

環境の変化が激しい時代です。そんな激しい時代の中、あなたが上司として、リーダーとして、1人でも多くの人材の行動変容を促していただけたらとてもうれしく思います。

どんな人材に対しても学びの機会を提供していくことが、今後の人材確保や人材の定着につながっていきます。

あなたがリードしていってくれることを切に願っています。

2020年9月

坂井伸一郎

《参考文献・URL》

◎Holly J. Inglis, Kathy L. Dawson, & Rodger Y. Nishioka (2014) Sticky Learning—How Neuroscience Supports Teaching That's Remembered, USA: fortress press
◎エーザイ株式会社（１９９６）「もの忘れの教室」http://monowasure.eisai.jp/

【著者プロフィール】
坂井伸一郎（さかい・しんいちろう）
株式会社ホープス 代表取締役社長。プロフェッショナルコーチ（ACC、CPCC）。「スティッキー・ラーニング」の提唱者。
成蹊大学卒業後、株式会社高島屋に入社して13年間在職。在職中は老舗百貨店ならではの社会人基礎力・礼儀マナー・顧客や店舗スタッフとのコミュニケーションを現場で学び、後には販売スタッフ教育や販売スタッフ教育制度設計も担当した。その後、ベンチャー企業役員を経て、2011年に独立起業。現在は教育研修会社の代表を務めつつ、自ら講師として年間50本・2500名（業界の偏りはなく、製造業・サービス業・金融業・病院・学校法人など多岐にわたる）の研修を行なっている。社会人研修の他に、プロスポーツ選手やトップアスリートに向けた座学研修の講師経験も豊富（年間のアスリート座学指導実績1000名超は、国内屈指の実績）。講師としての専門領域は、目標設定・チームビルディングなど。座学慣れしていないアスリートへの指導経験が豊富ゆえに、「わかりやすく伝える」「印象に留めるように工夫する」という指導法を用いることから、研修を実施する企業の人事担当者や受講生からは、「理解度が高い」「学びの定着度が高い」「即実践できる指導だった」といった評価が多く寄せられている。この指導教育メソッドを体系化した「スティッキー・ラーニング」は、アスリートのみならず、一般ビジネスパーソンにおいても、組織全体の人材レベルアップを図れると高く評価されている。

残念な部下を戦力にする方法

2020年10月22日　初版発行

著　者　坂井伸一郎
発行者　太田　宏
発行所　フォレスト出版株式会社
〒162-0824 東京都新宿区揚場町2-18　白宝ビル5F
電話　03-5229-5750（営業）
03-5229-5757（編集）
URL　http://www.forestpub.co.jp

印刷・製本　中央精版印刷株式会社
©Shinichiro Sakai 2020
ISBN978-4-86680-099-8　Printed in Japan
乱丁・落丁本はお取り替えいたします。

残念な部下を
戦力にする方法

読者の方に
無料プレゼント

著者×長谷川寿 氏（元・Honda硬式野球部監督）
スペシャル対談原稿

（PDF ファイル）

著者・坂井伸一郎さんより

元・Honda 硬式野球部監督で、現在、Honda のグループ会社で部下をマネジメントする立場にある長谷川寿さんと著者・坂井さんによる、スペシャル対談原稿です。「残念な部下」をどのように戦力にしていくかについて、それぞれの立場で語ります。ぜひダウンロードして、本書と併せてご活用ください。

特別プレゼントはこちらから無料ダウンロードできます↓

http://frstp.jp/zannen

※特別プレゼントは Web 上で公開するものであり、小冊子・DVD などをお送りするものではありません。
※上記無料プレゼントのご提供は予告なく終了となる場合がございます。あらかじめご了承ください。